Motto

*Die Zeichnungen werden im Kopf ergänzt,
denn sie aus schlichten Linien bestehen!
Doch, die Möglichkeiten sind nicht begrenzt,
weil die geistigen Augen viel mehr sehen!*

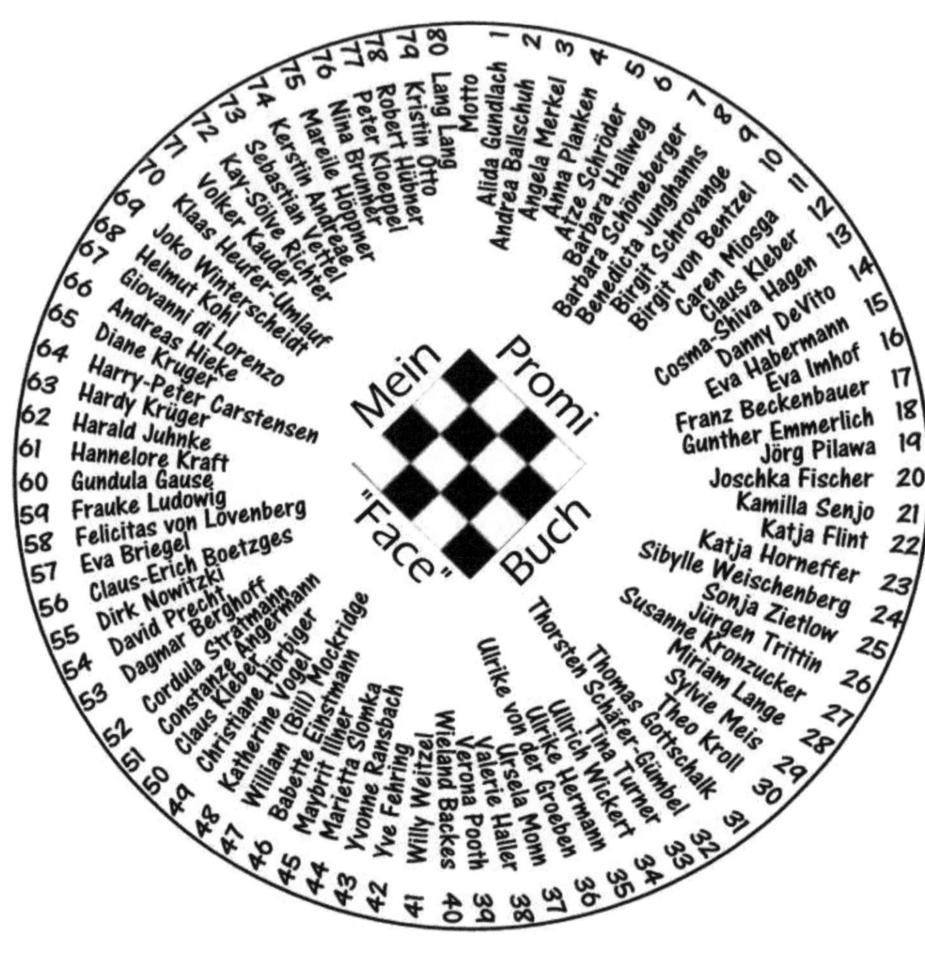

Mein Promi "Face" Buch
Motto
1 Alida Gundlach
2 Andrea Ballschuh
3 Angela Merkel
4 Anna Planken
5 Atze Schröder
6 Barbara Hallweg
7 Barbara Schöneberger
8 Benedicta Junghanns
9 Birgit Schrovange
10 Birgit von Bentzel
11 Caren Miosga
12 Claus Kleber
13 Cosma-Shiva Hagen
14 Danny DeVito
15 Eva Habermann
16 Eva Imhof
17 Franz Beckenbauer
18 Gunther Emmerlich
19 Jörg Pilawa
20 Joschka Fischer
21 Kamilla Senjo
22 Katja Flint
23 Katja Horneffer
24 Sibylle Weischenberg
25 Sonja Zietlow
26 Jürgen Trittin
27 Susanne Kronzucker
28 Miriam Lange
29 Sylvie Meis
30 Theo Kroll
31 Thomas Gottschalk
32 Tina Turner
33 Ullrich Wickert
34 Thorsten Schäfer-Gümbel
35 Ulrike Hermann
36 Ulrike von der Groeben
37 Ursela Monn
38 Valerie Haller
39 Verona Pooth
40 Wieland Backes
41 Willy Weitzel
42 Yve Fehring
43 Yvonne Ransbach
44 Marietta Slomka
45 Maybrit Illner
46 Babette Einstmann
47 William (Bill) Mockridge
48 Katherine Vogel
49 Christiane Hörbiger
50 Claus Kleber
51 Constanze Angermann
52 Cordula Stratmann
53 Dagmar Berghoff
54 David Precht
55 Dirk Nowitzki
56 Claus-Erich Boetzges
57 Eva Briegel
58 Felicitas von Lövenberg
59 Frauke Ludowig
60 Gundula Gause
61 Hannelore Kraft
62 Harald Juhnke
63 Hardy Krüger
64 Harry-Peter Carstensen
65 Diane Kruger
66 Andreas Hieke
67 Giovanni di Lorenzo
68 Helmut Kohl
69 Joko Winterscheidt
70 Klaas Heufer-Umlauf
71 Volker Kauder
72 Kay-Söive Richter
73 Sebastian Vettel
74 Kerstin Andreae
75 Mareile Höppner
76 Nina Brunner
77 Peter Kloeppel
78 Robert Hübner
79 Kristin Otto
80 Lang Lang

Vorwort

*Die Zeichnung ist eine Reduzierung des "Objekts"
auf das Wesentliche. Die Schwierigkeit beim
Zeichnen ist: die wichtigste Merkmale herauszufiltern,
die das "Objekt" charakterisieren!
Promi-Gesichter zu zeichnen ist doppelt schwer!
Denn, jeder ein anderes Bild im Kopf hat.
Beurteilen Sie selbst!*

Mörfelden, den 11.11.2014

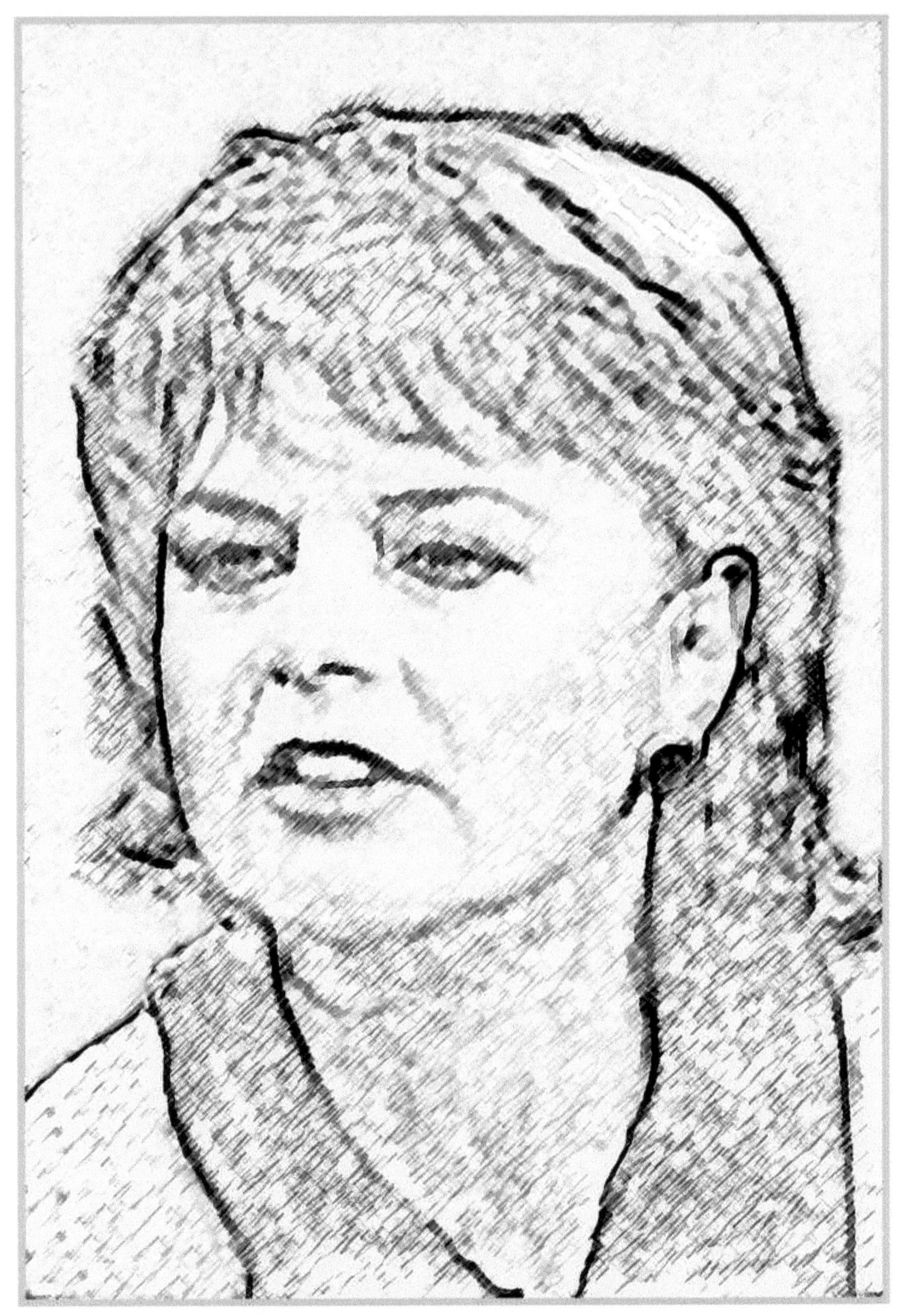

1

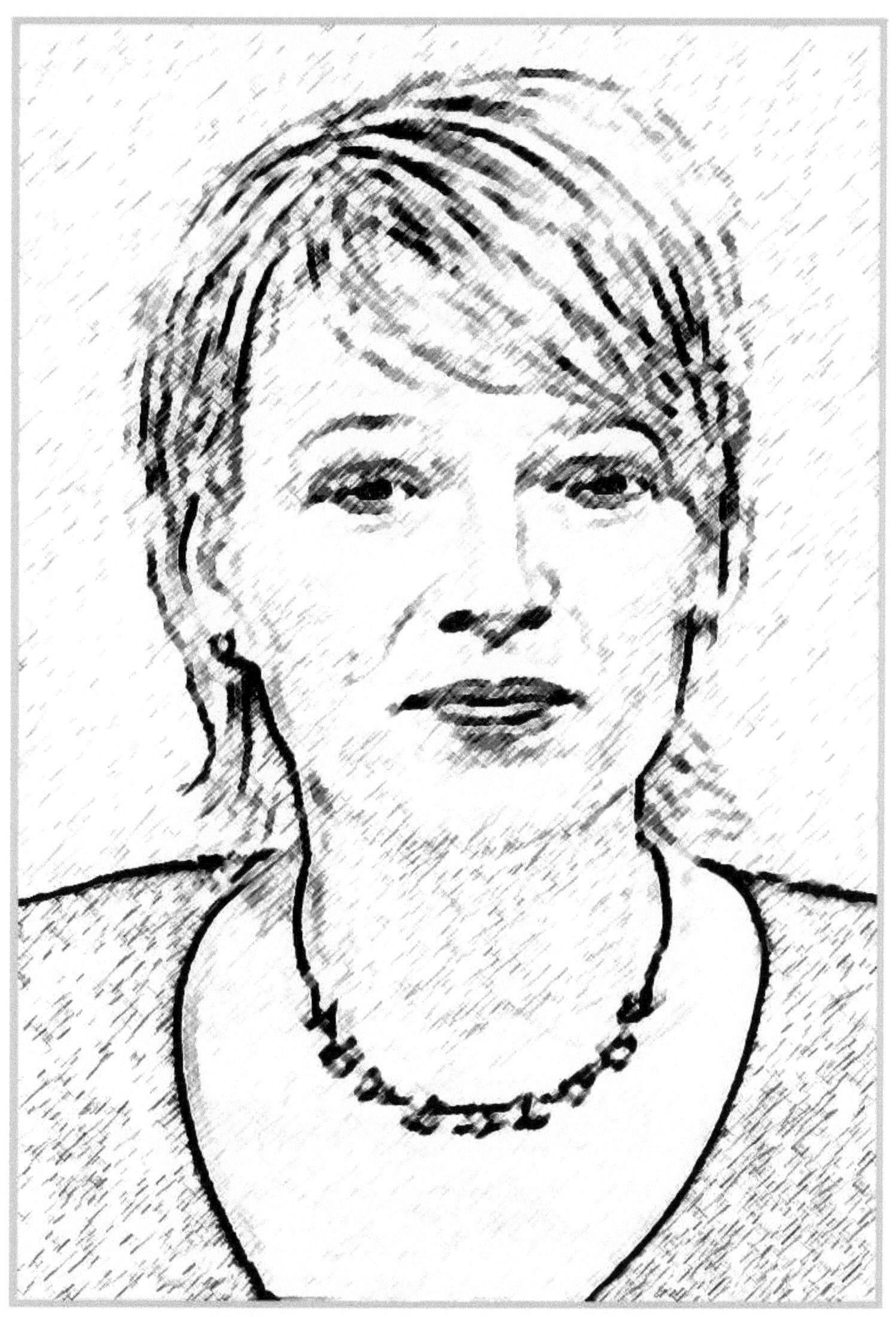

Andrea Ballschuh

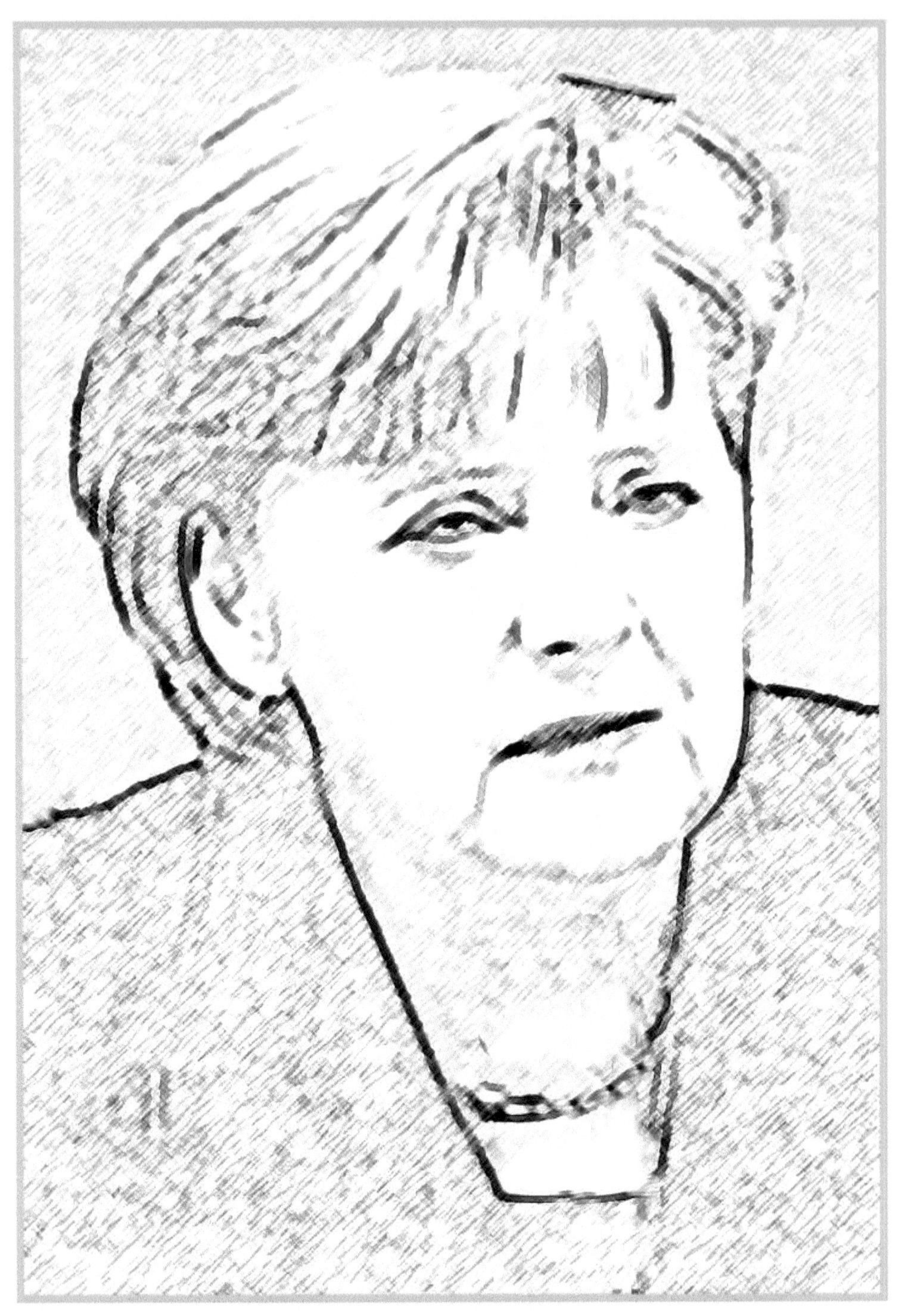

Angela Merkel

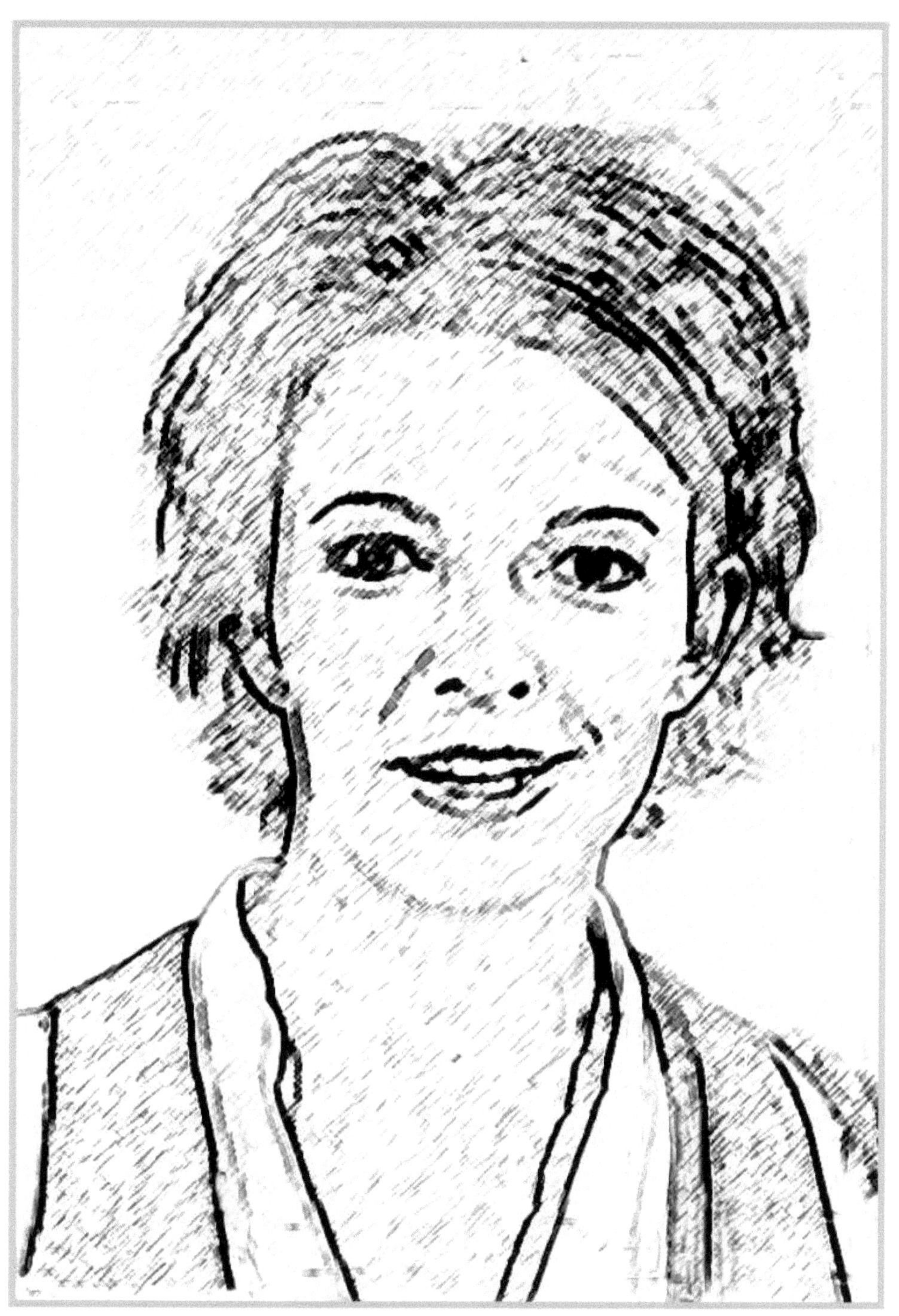

Anna Planken

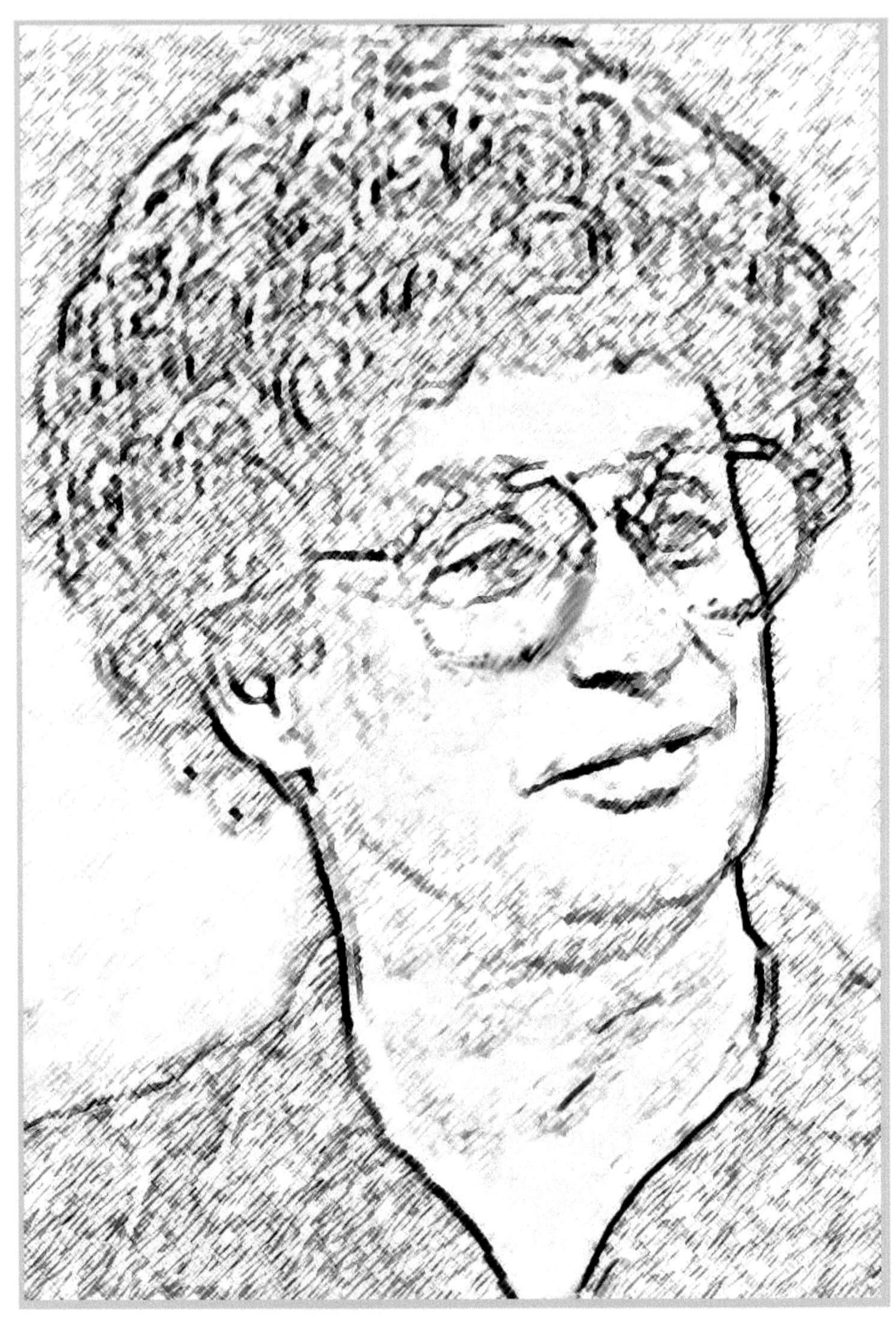

Atze Schröder

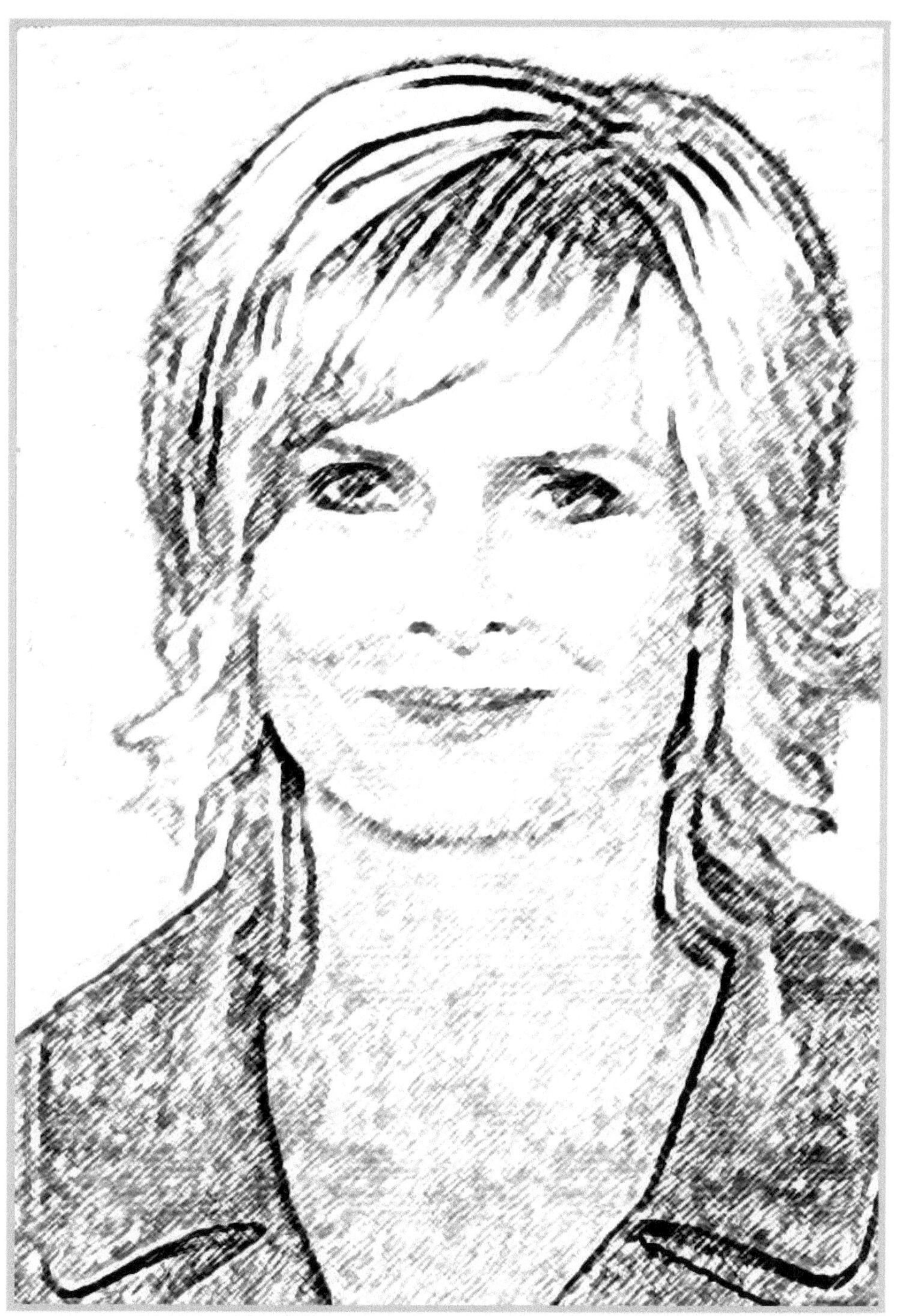

Barbara Hallweg

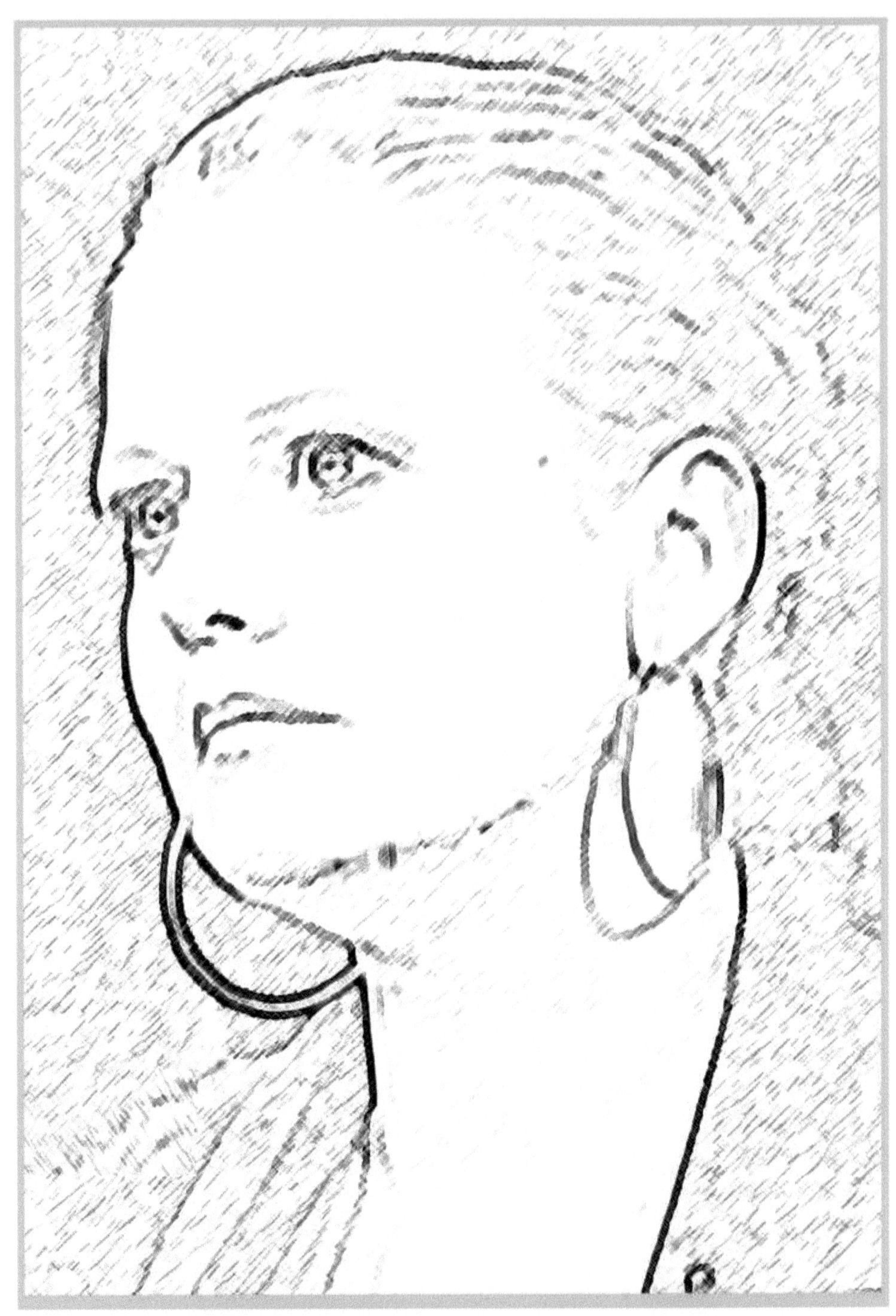

7 Barbara Schöneberger

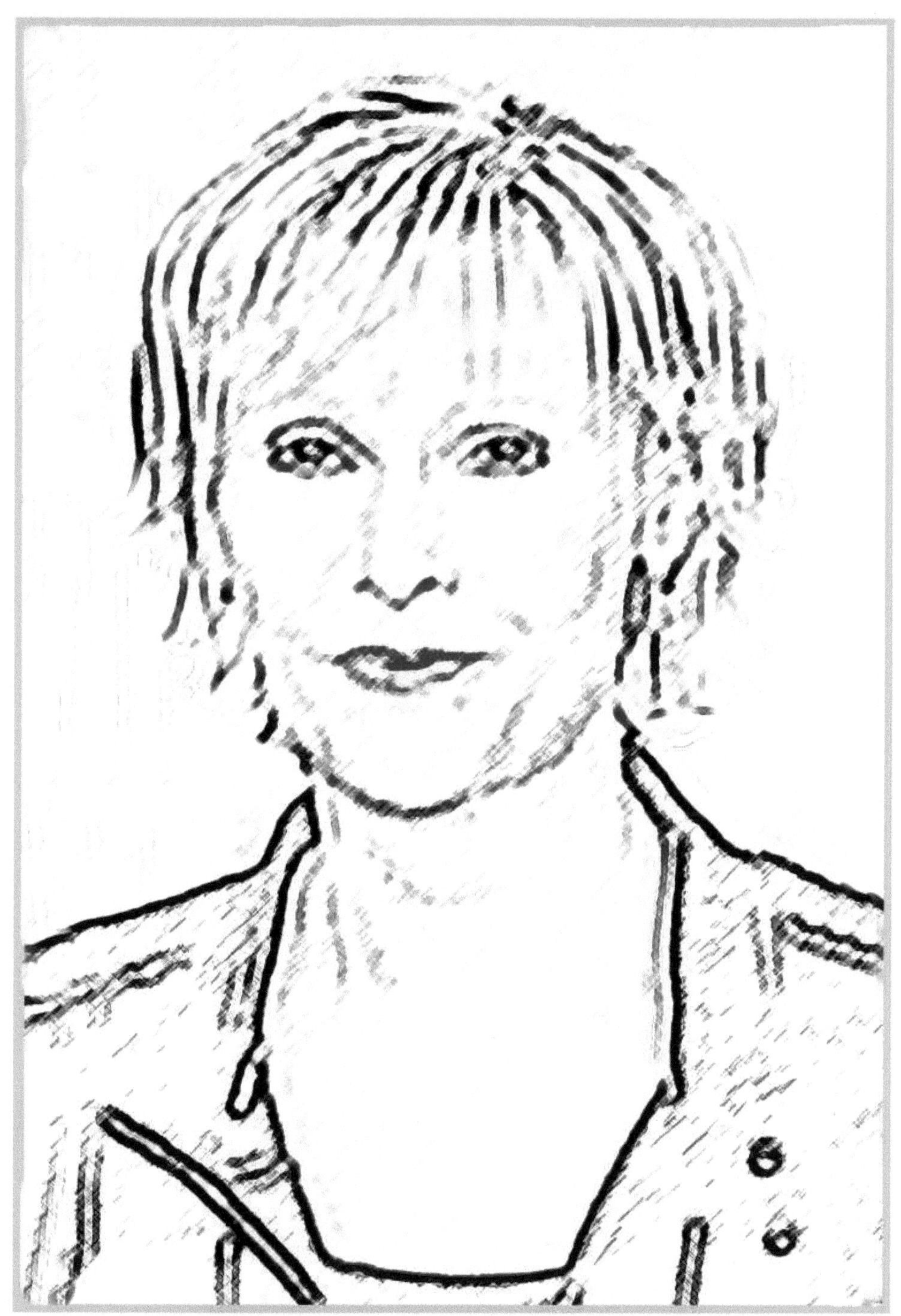

Benedicta Junghanns

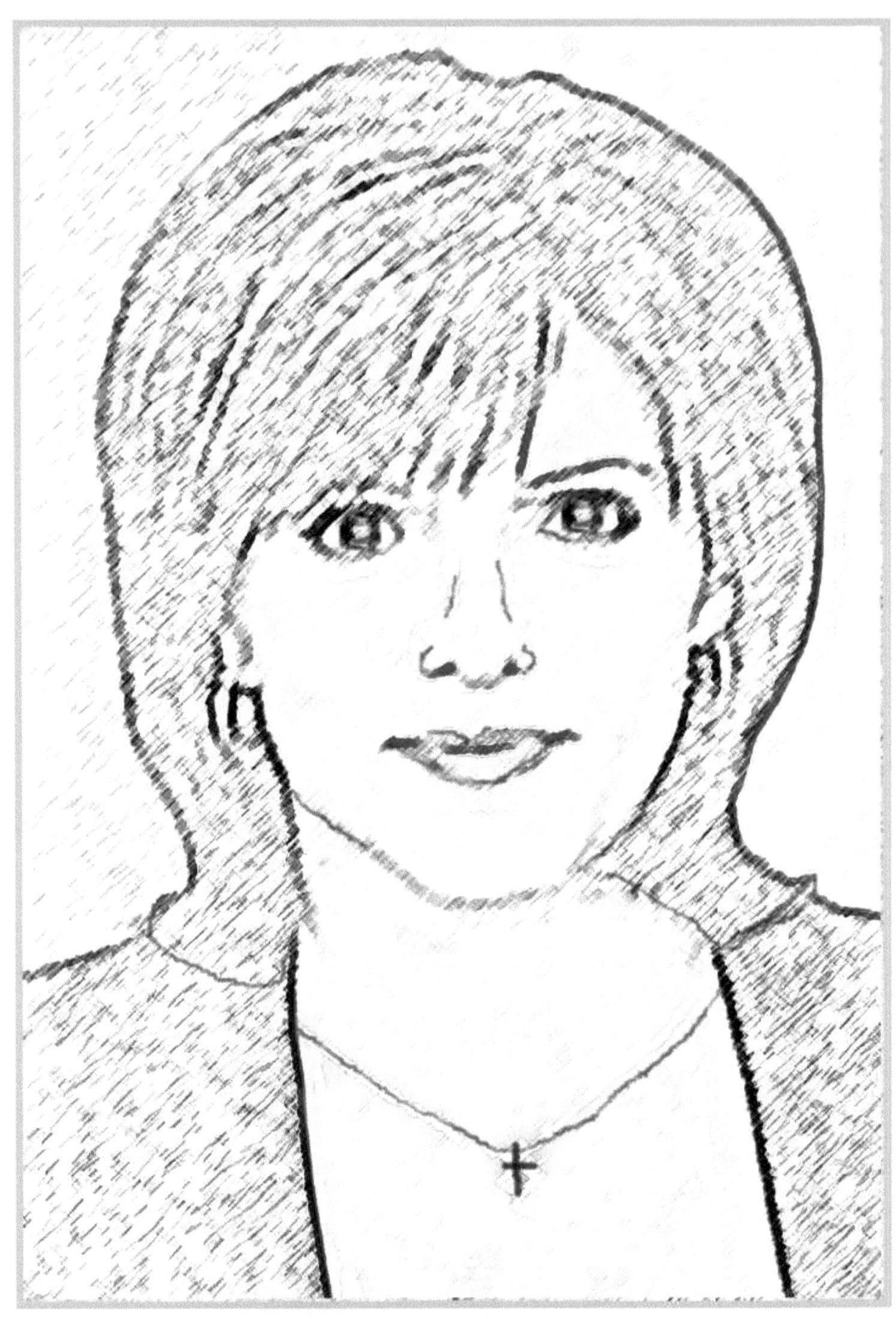

Birgit Schrovange

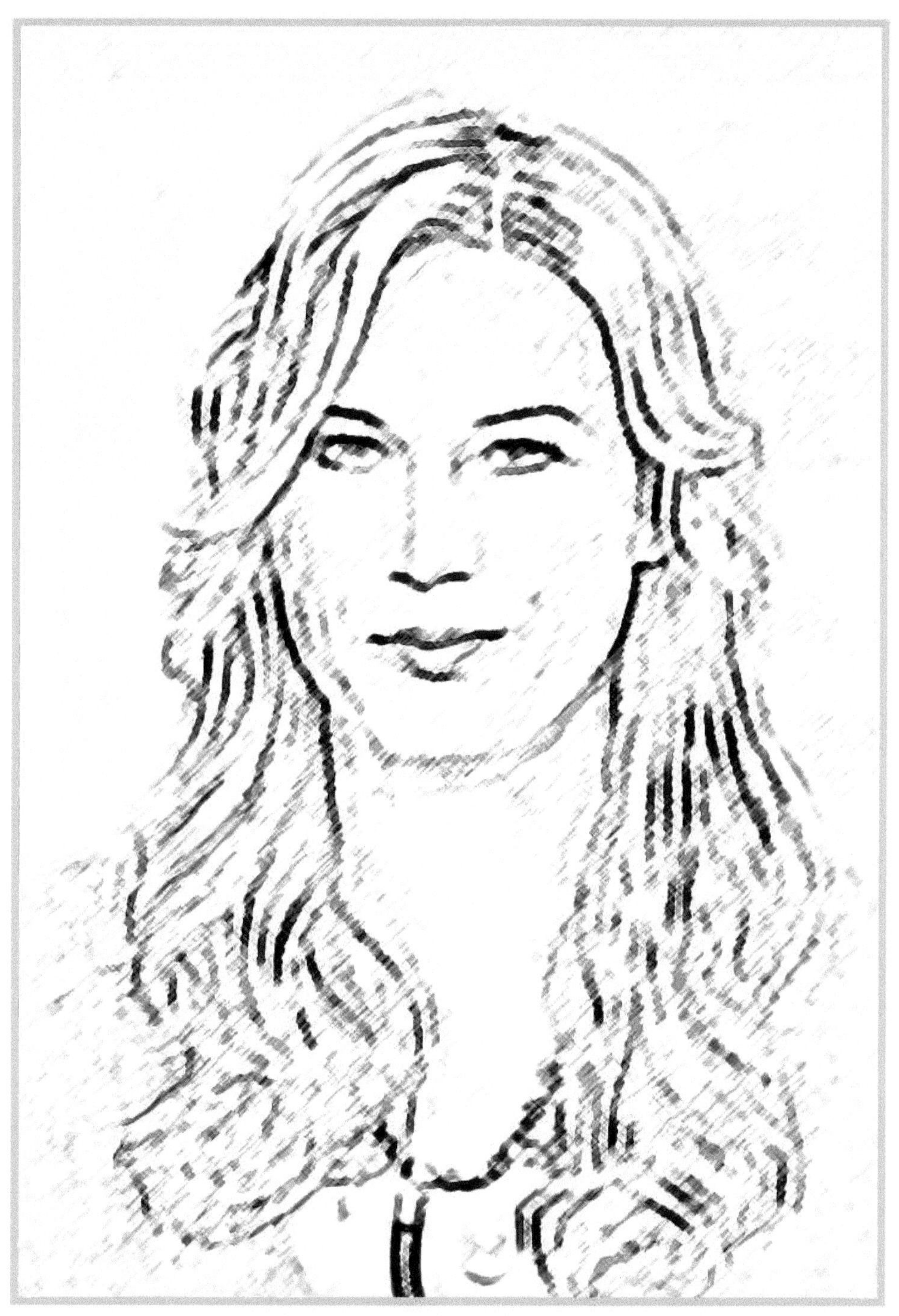

Birgit von Bentzel

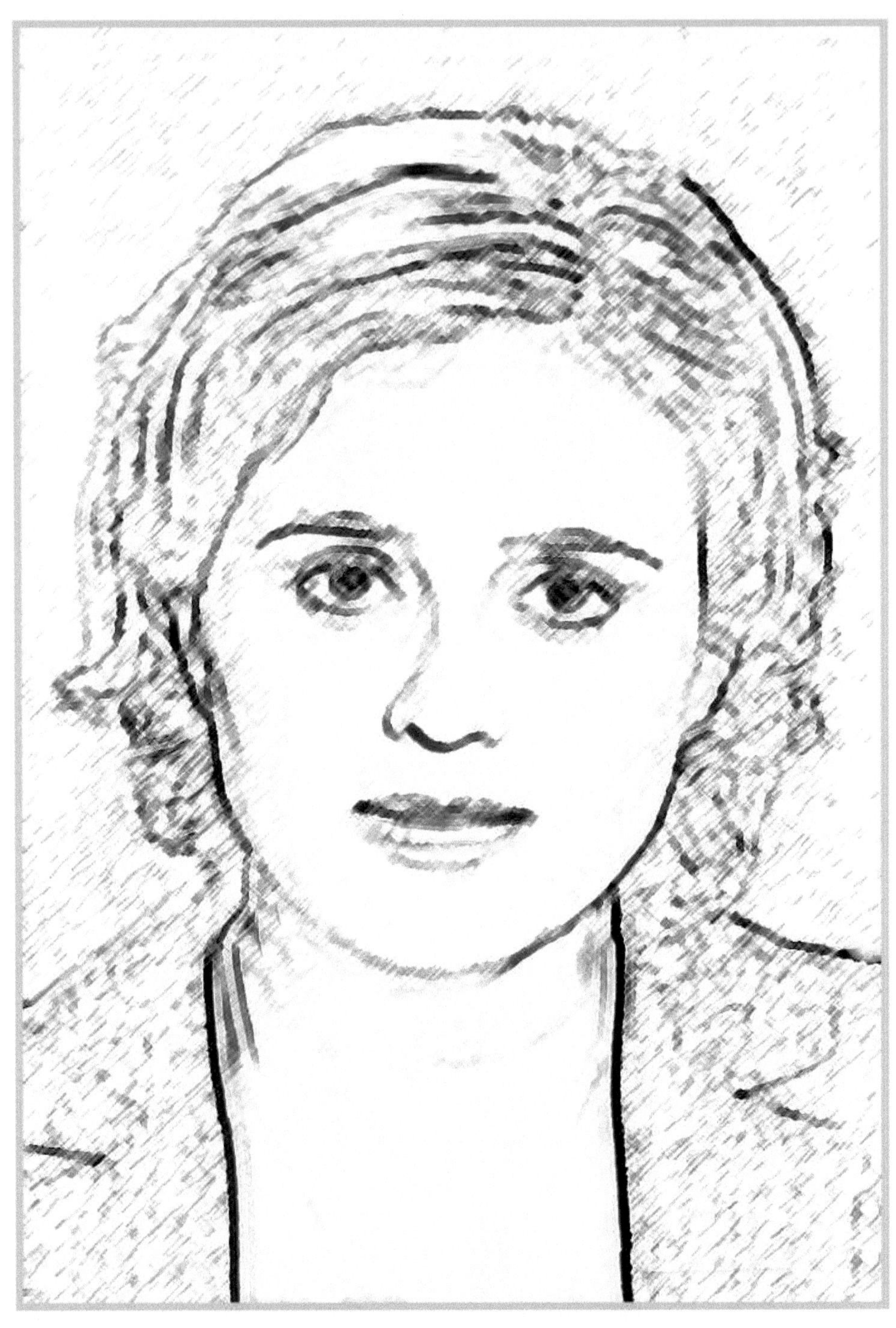

Caren Miosga

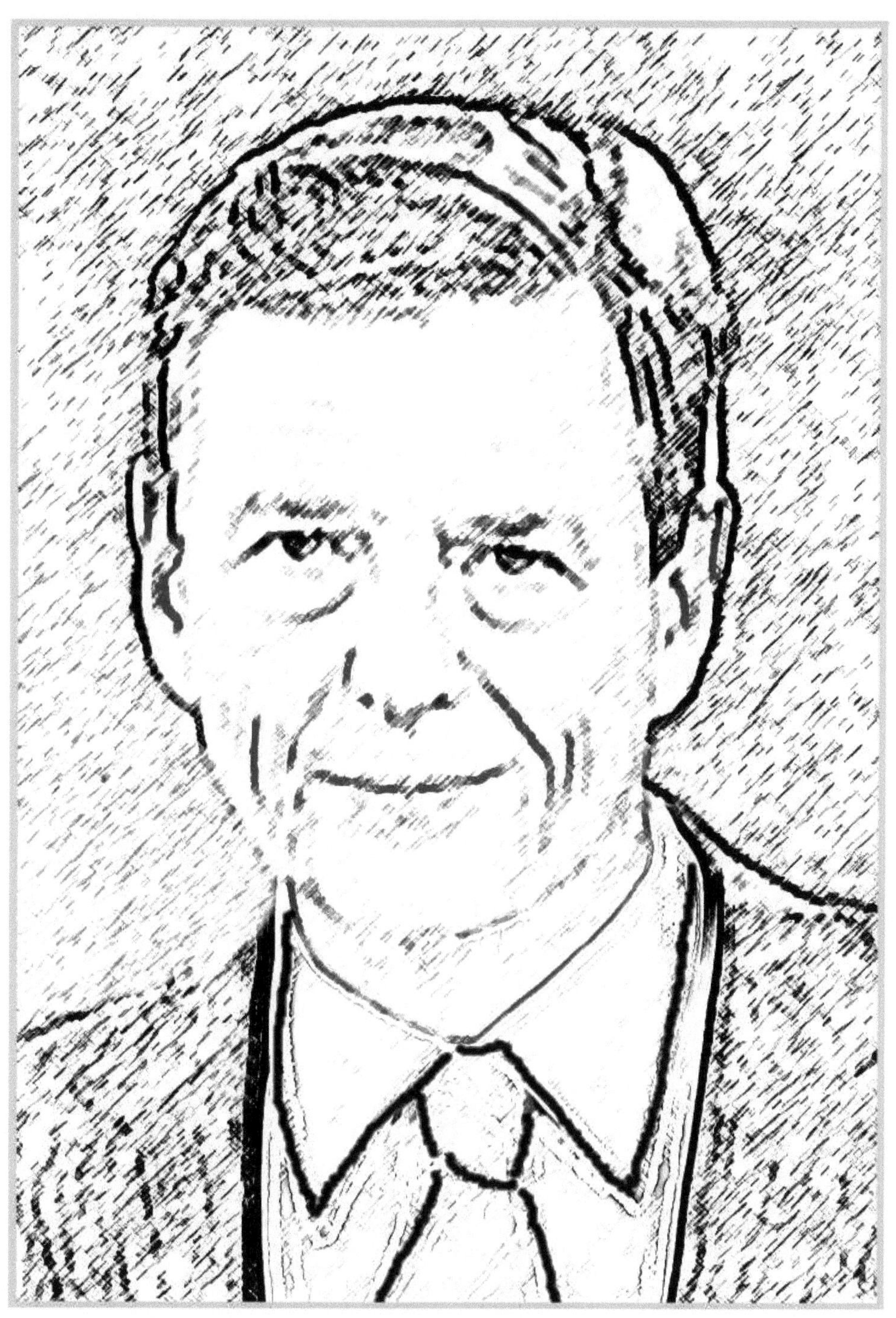

Claus Kleber

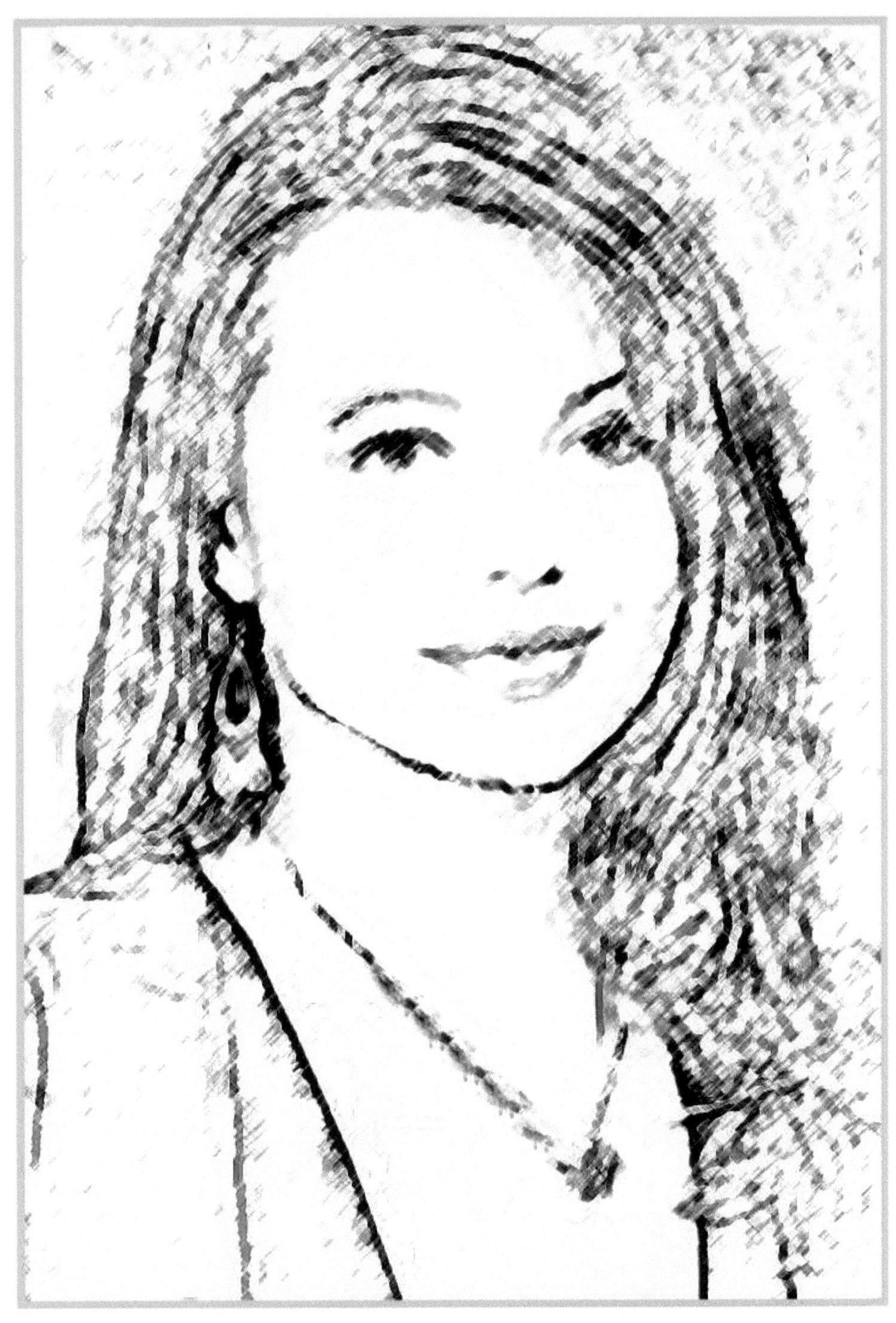

Cosma-Shiva Hagen

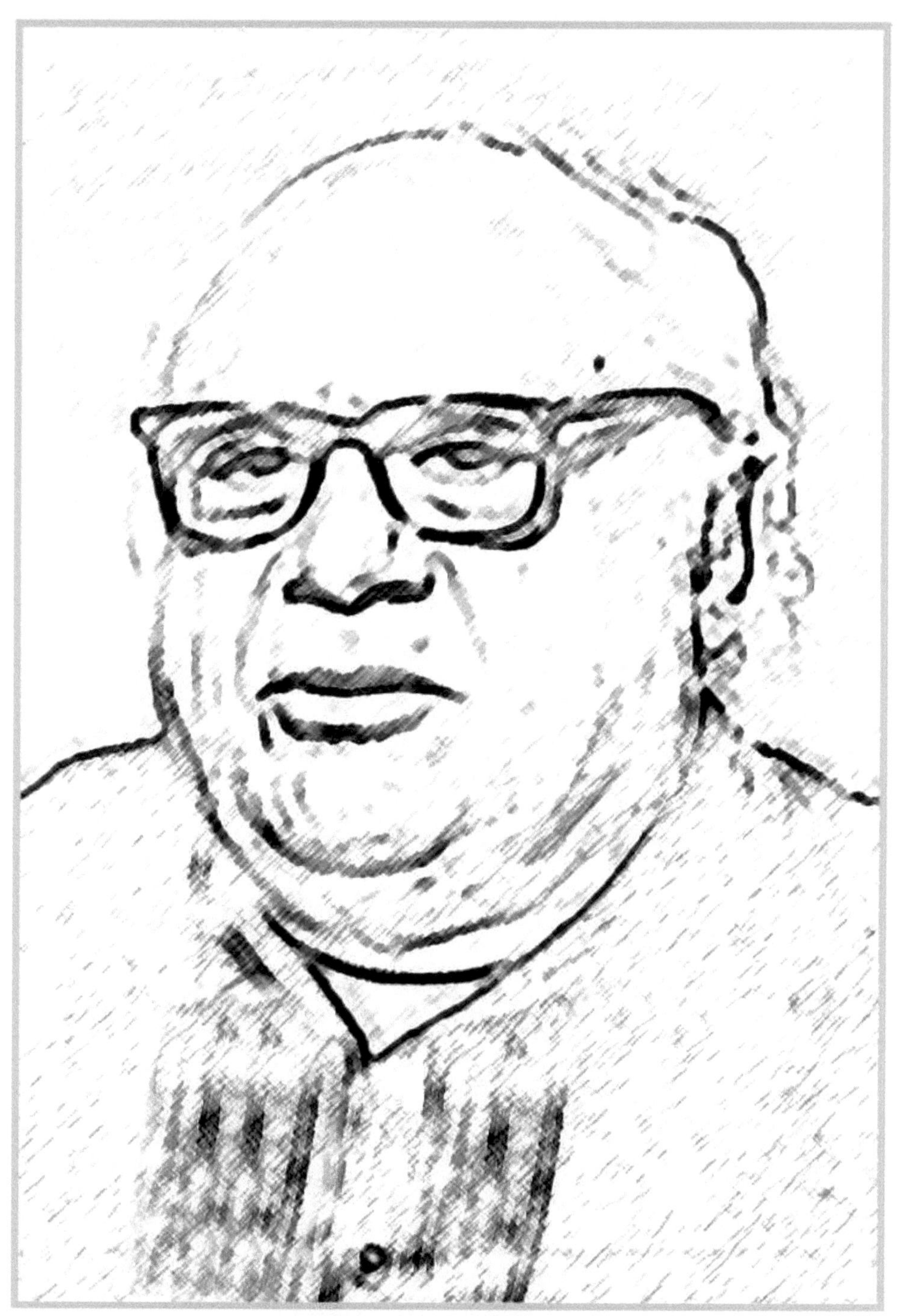

Danny DeVito

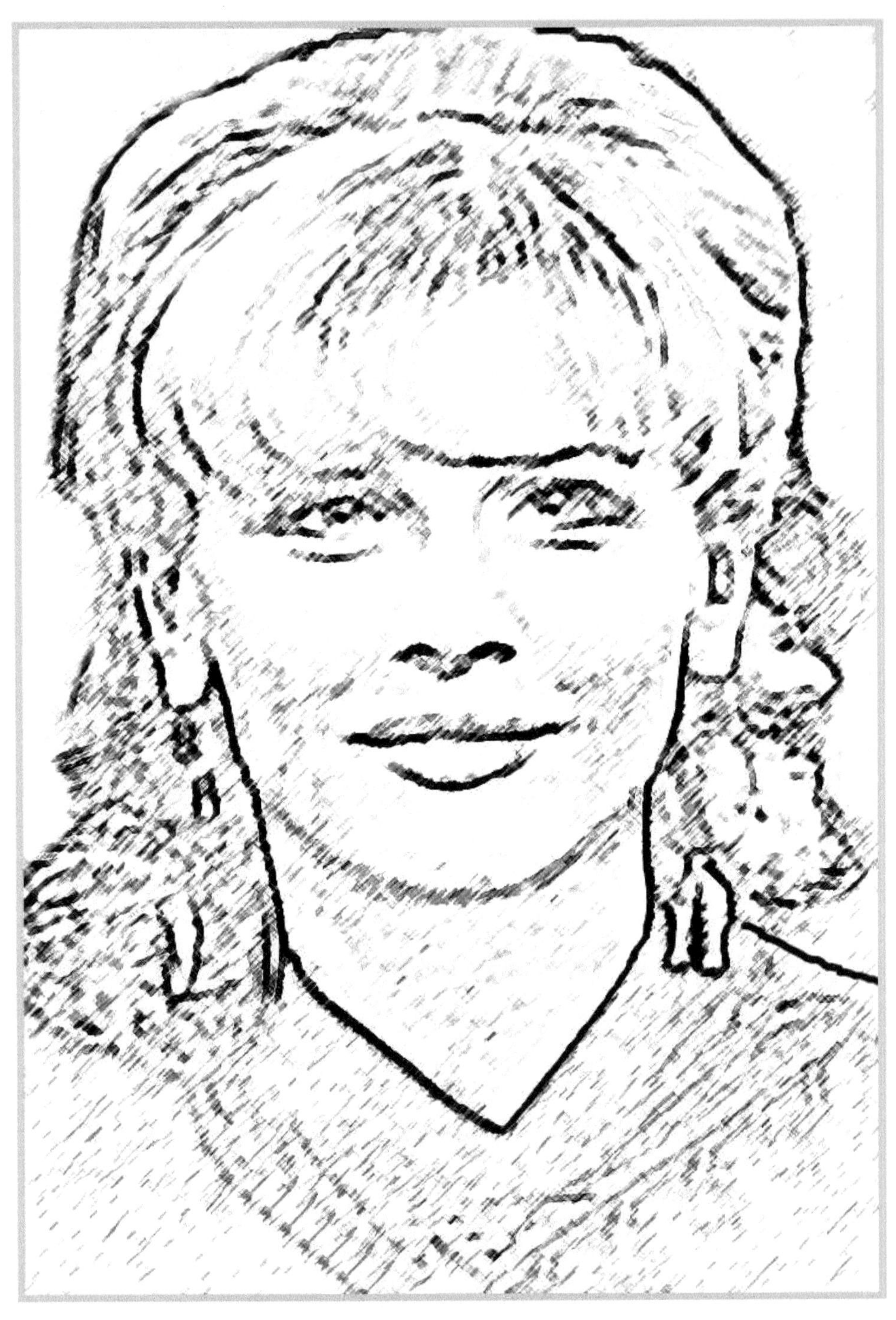

Eva Habermann

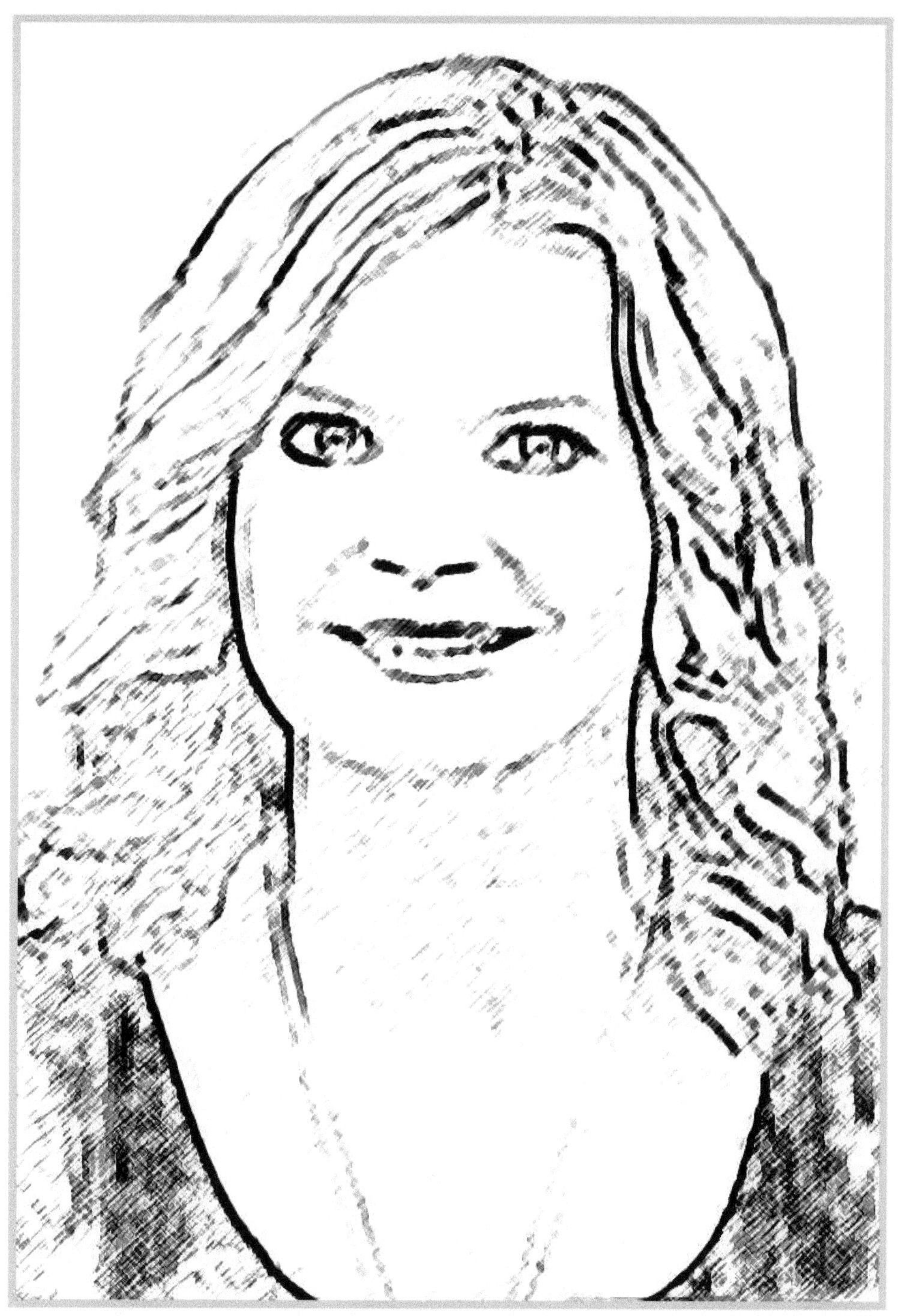

Eva Imhof

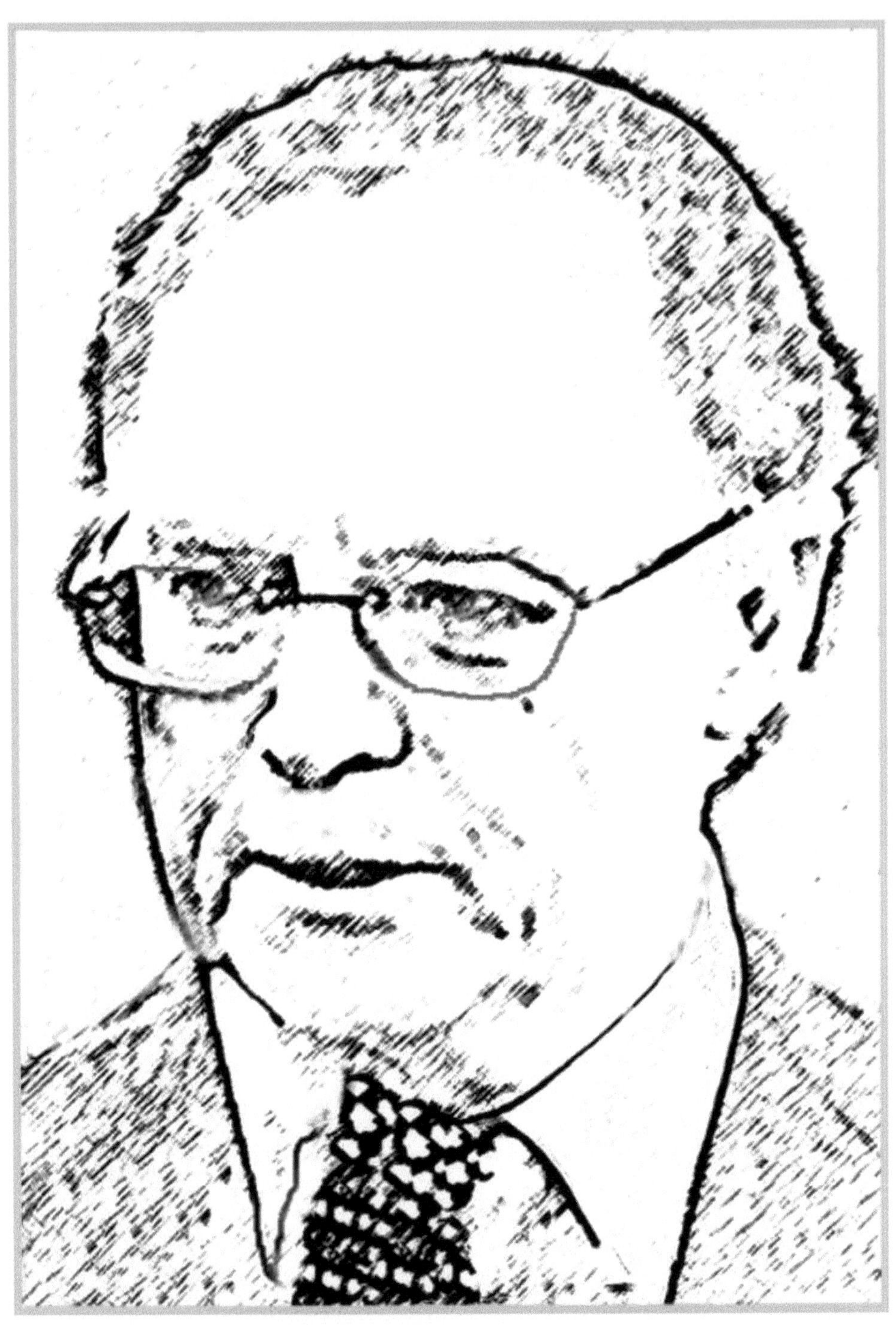

Franz Beckenbauer

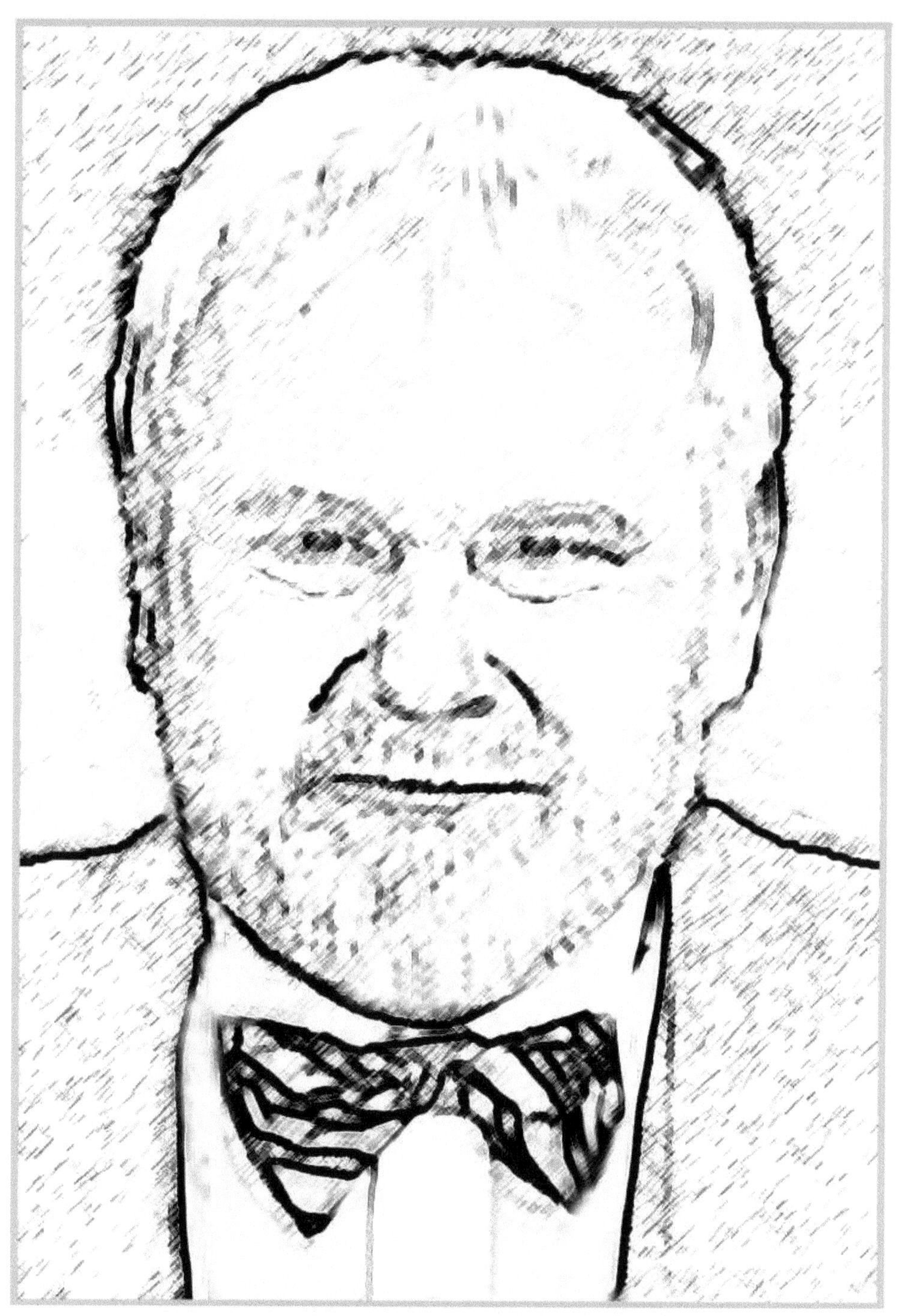

Gunther Emmerlich

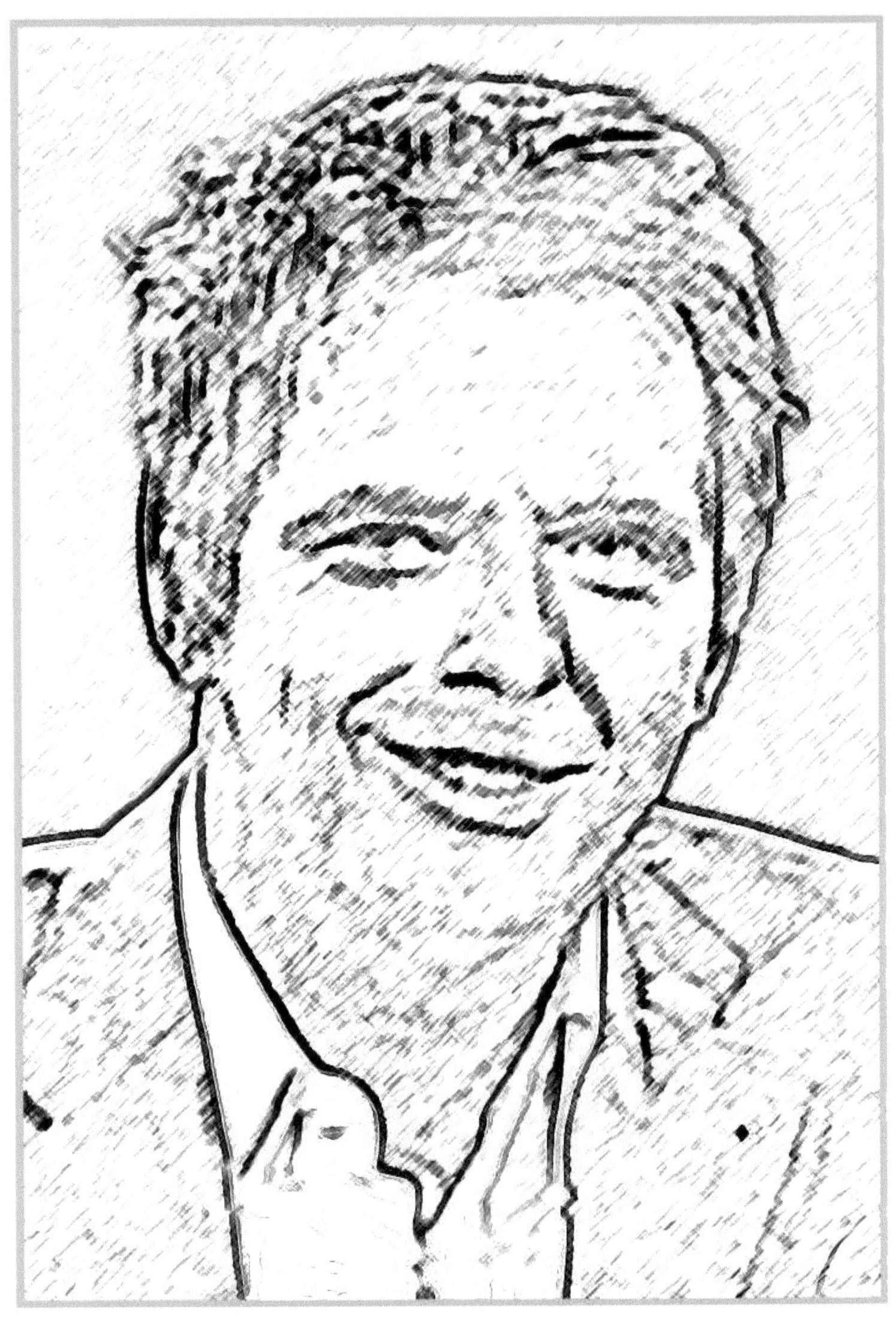

Jörg Pilawa

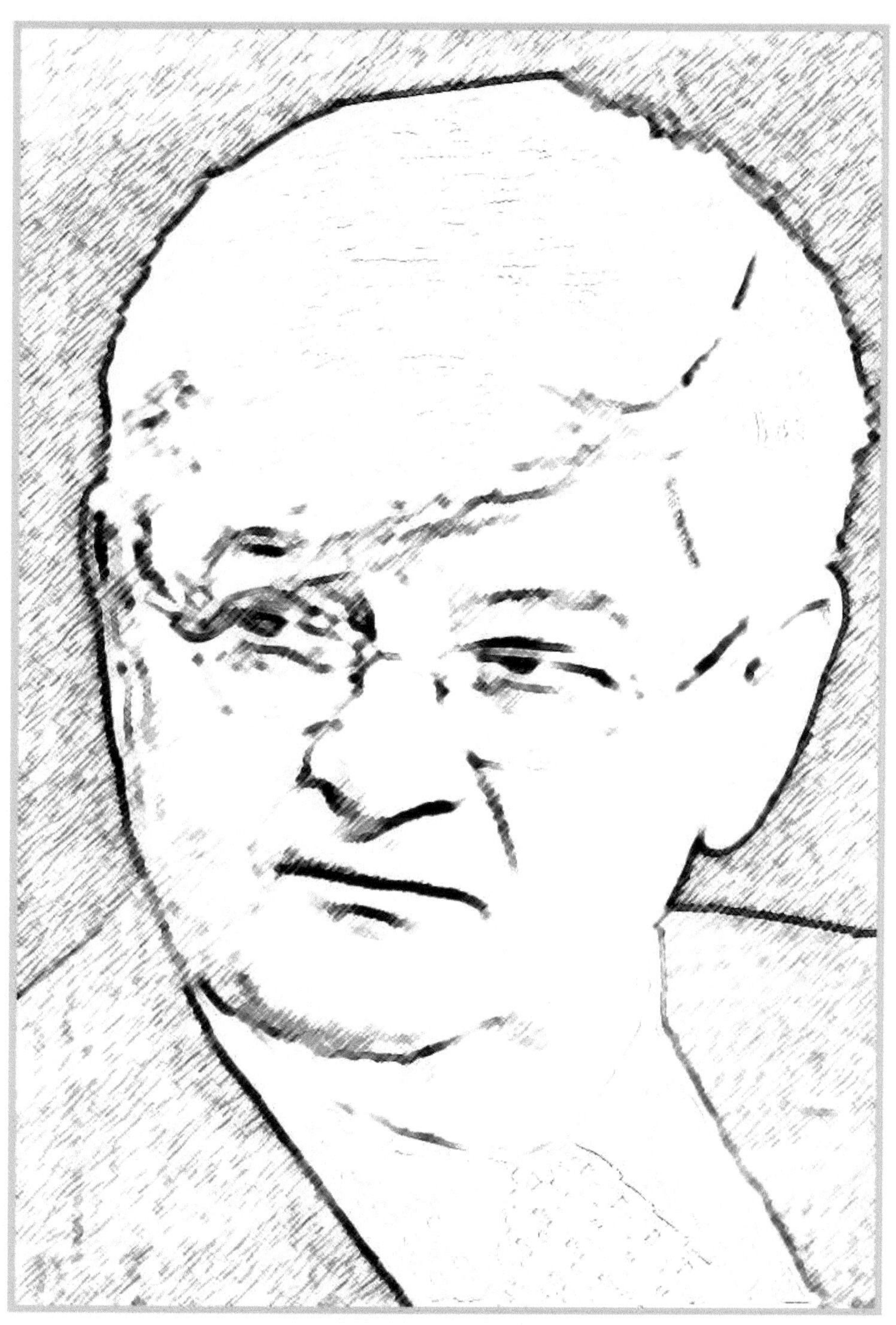

Joschka Fischer

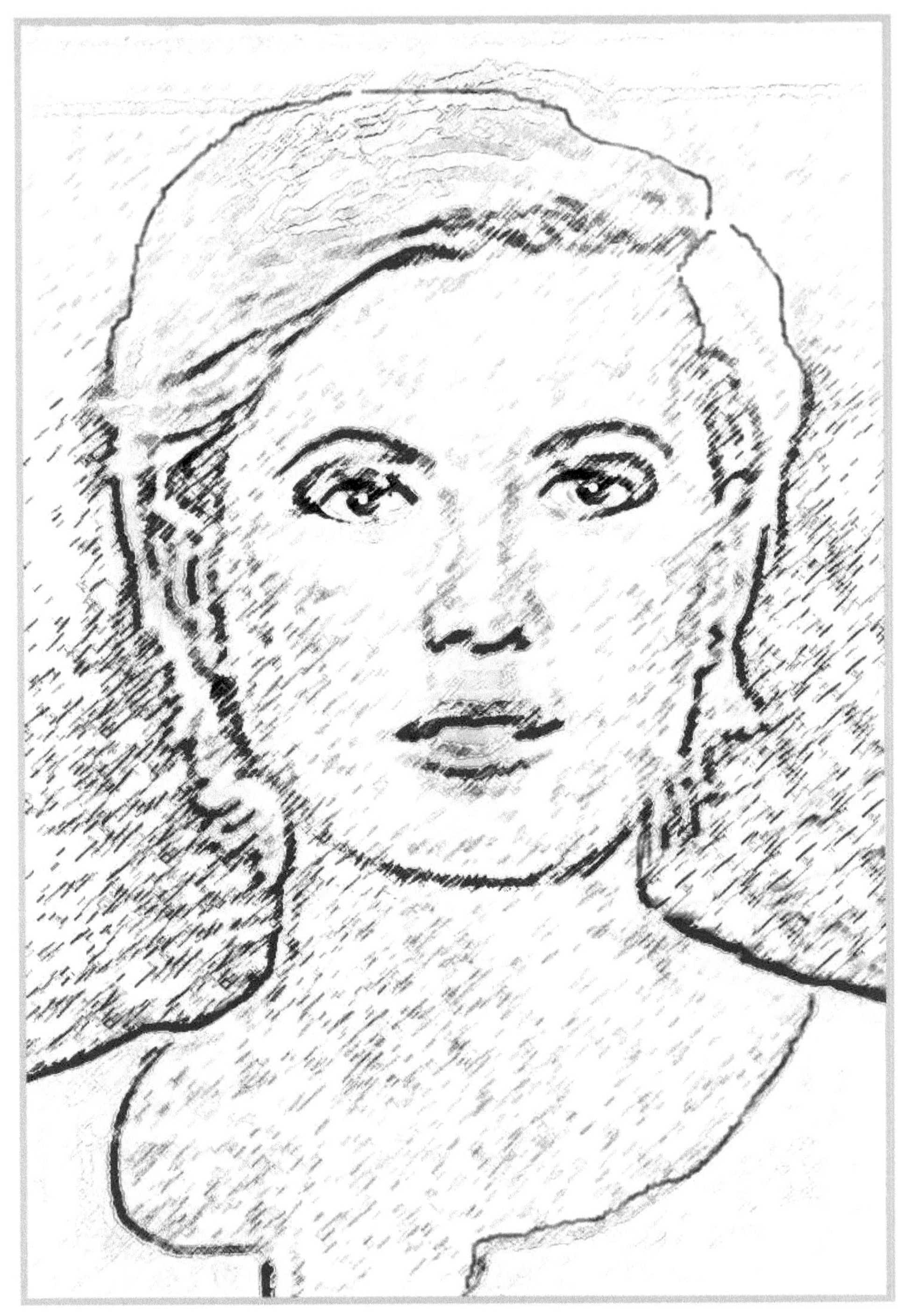

Kamilla Senjo

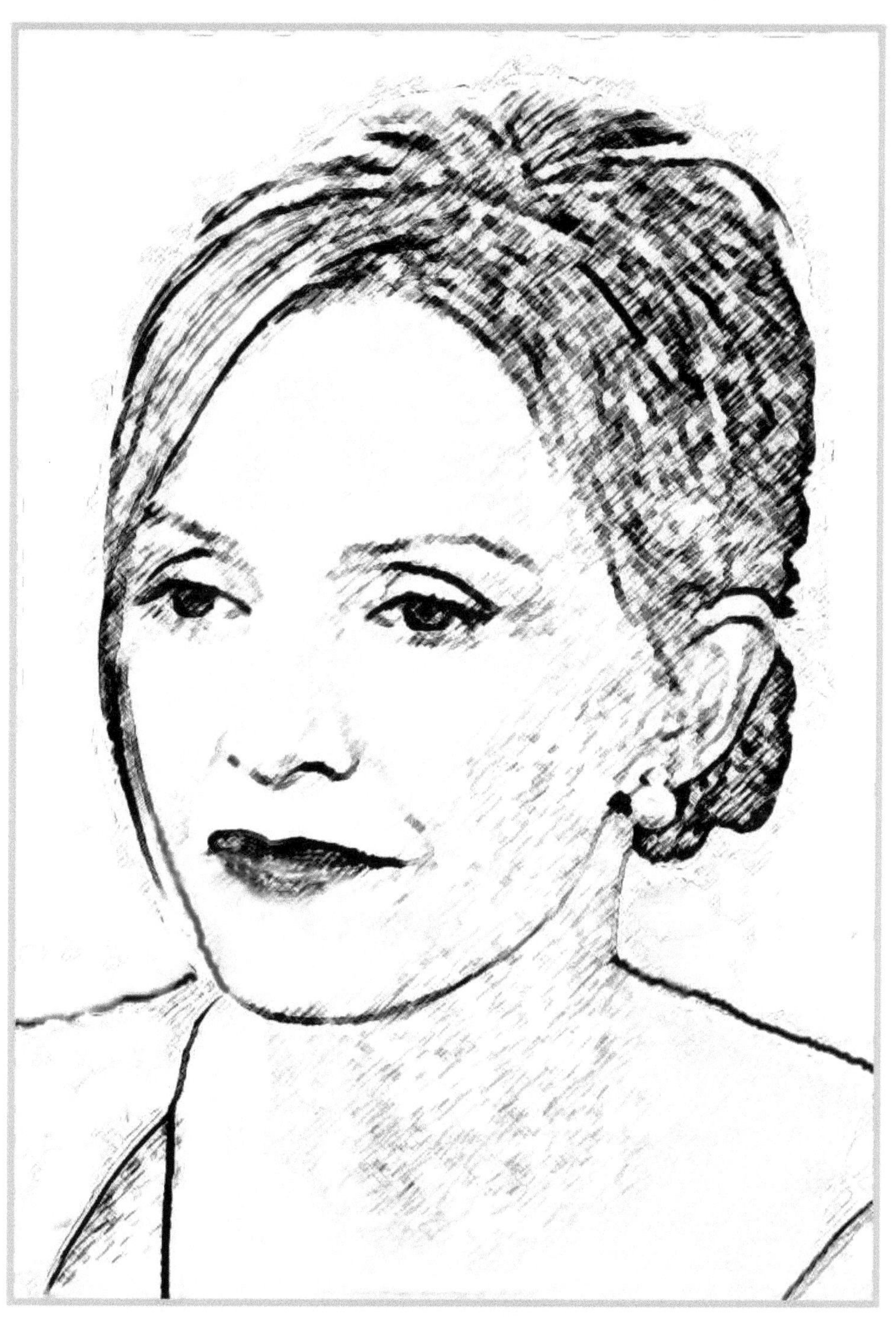

Katja Flint

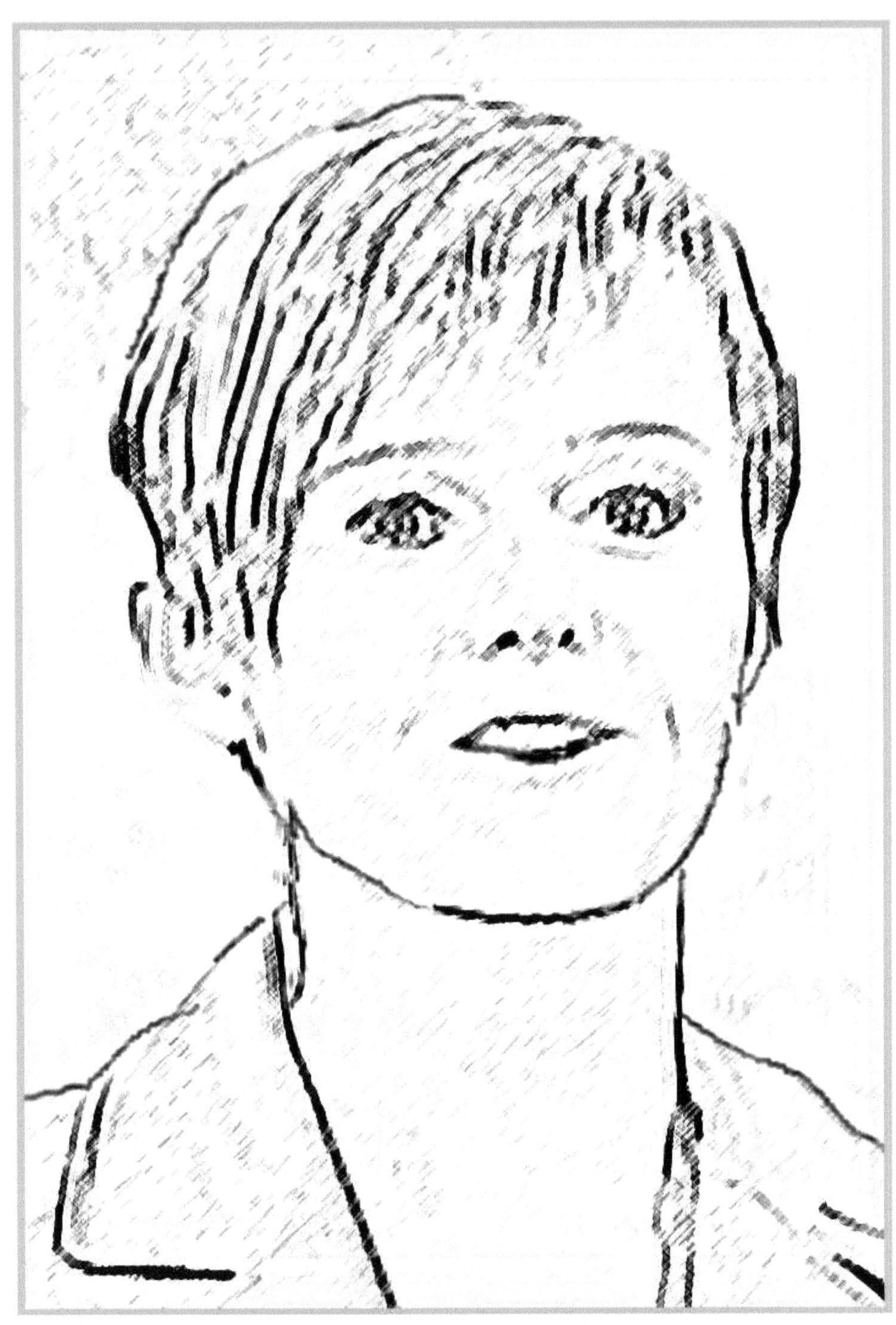

Katja Horneffer

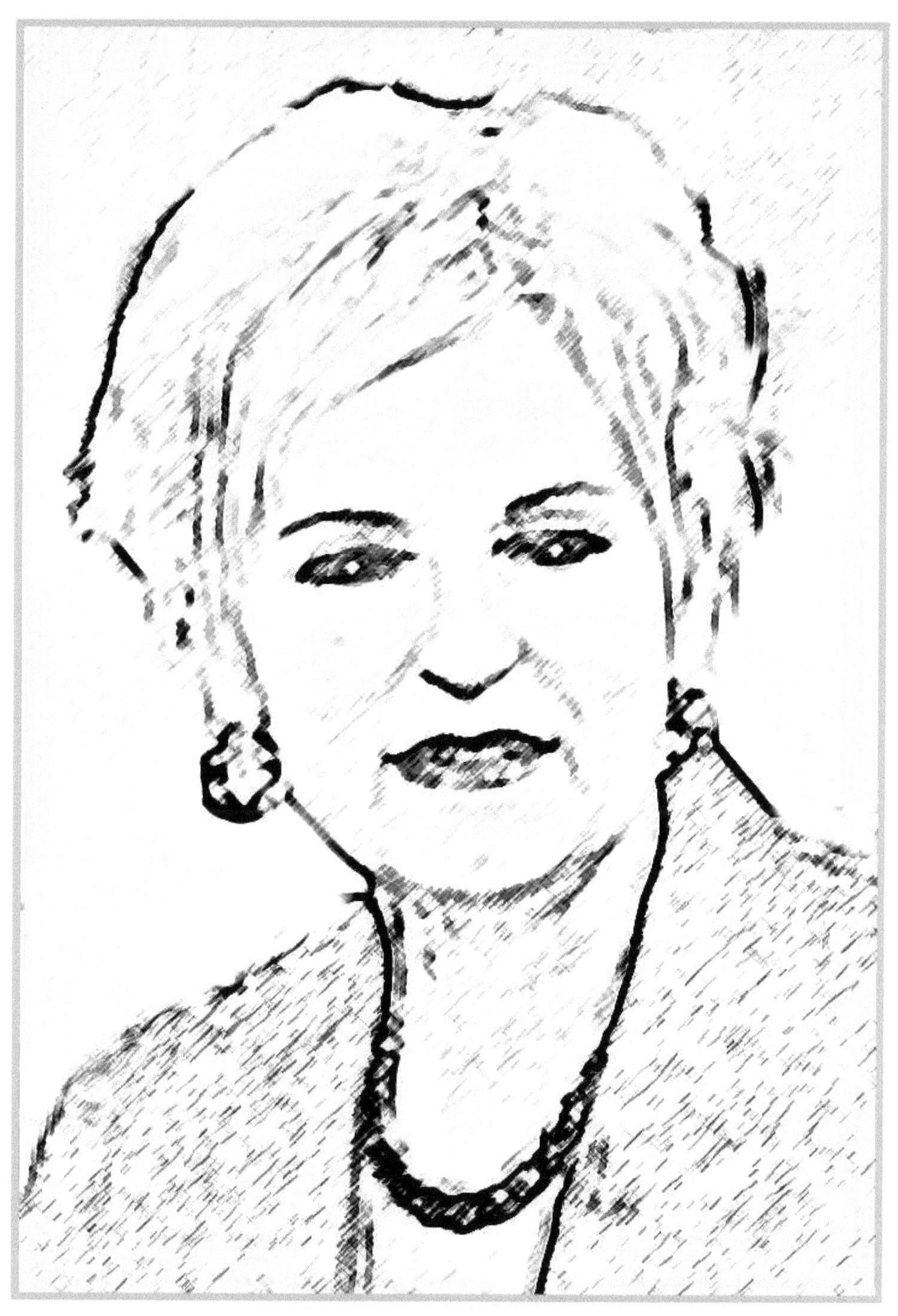

Sibylle Weischenberg

24

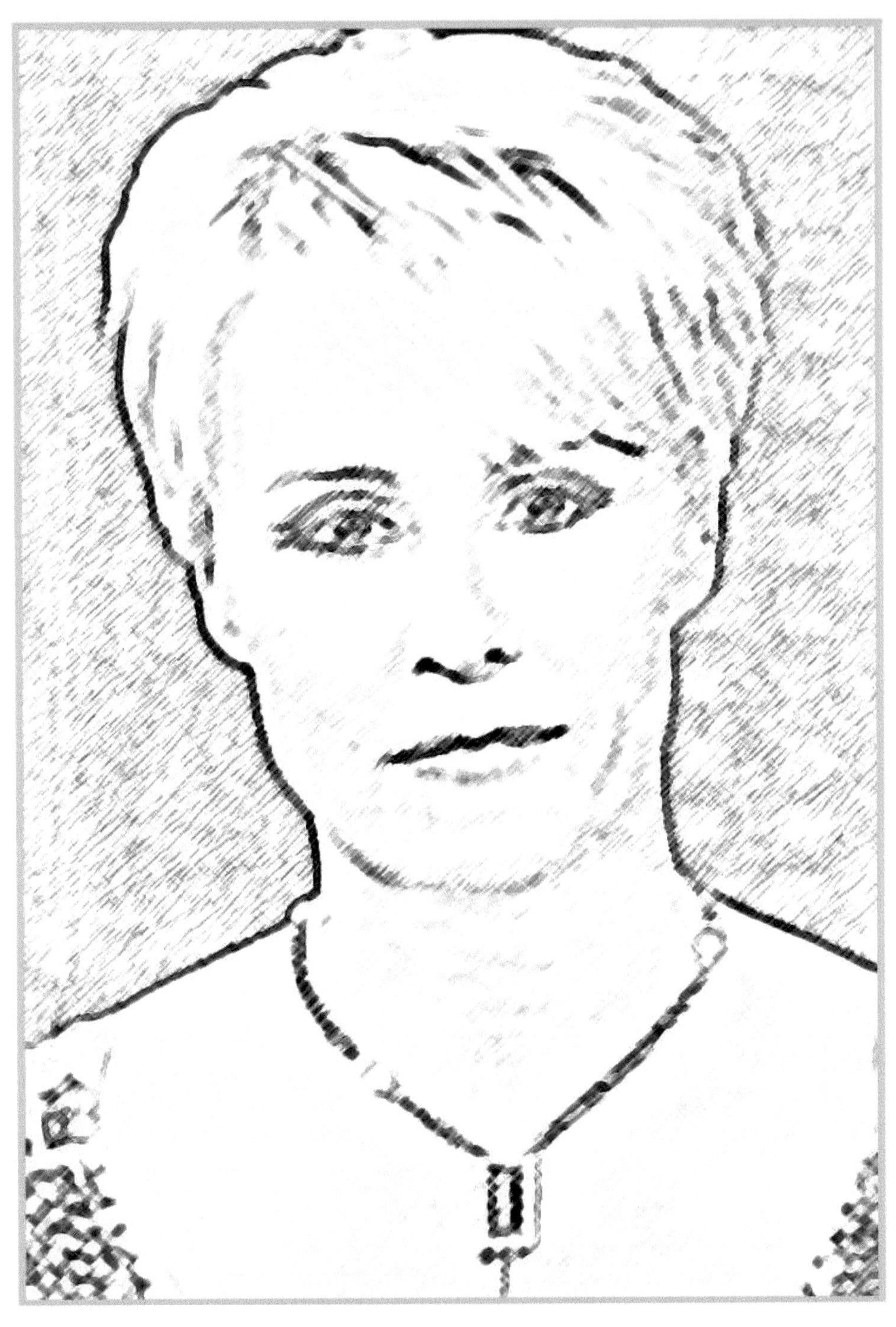

Sonja Zietlow

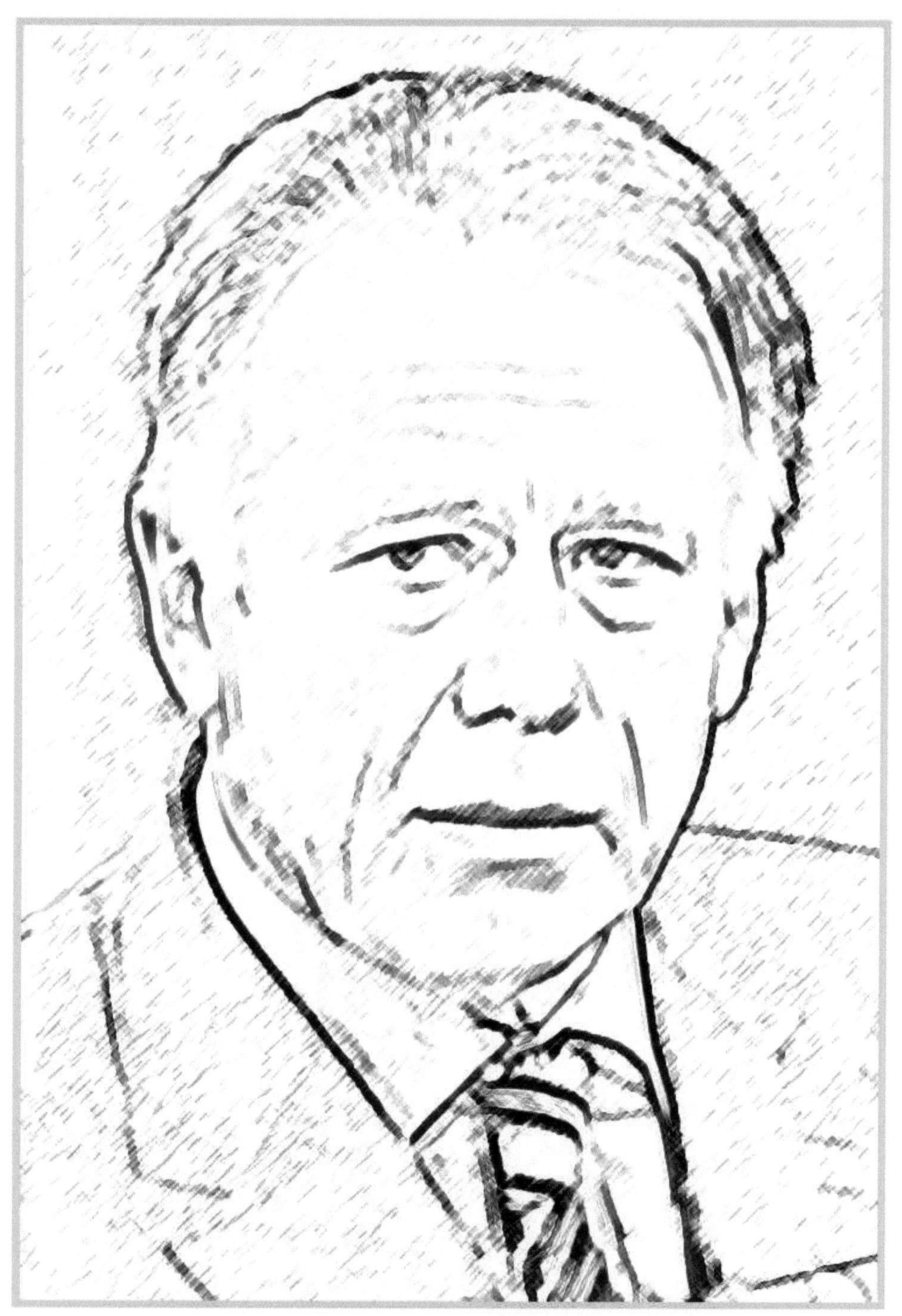

Jürgen Trittin

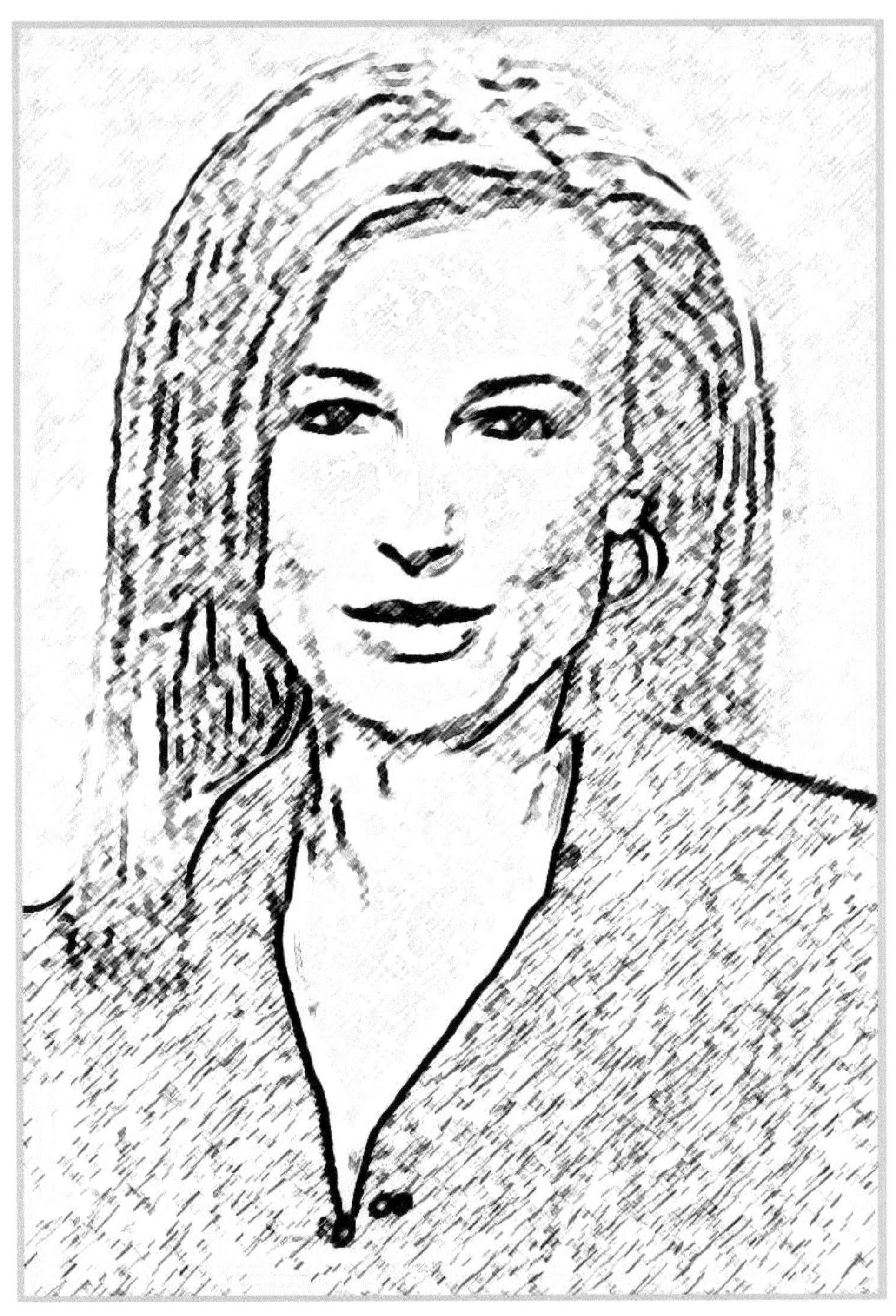

27

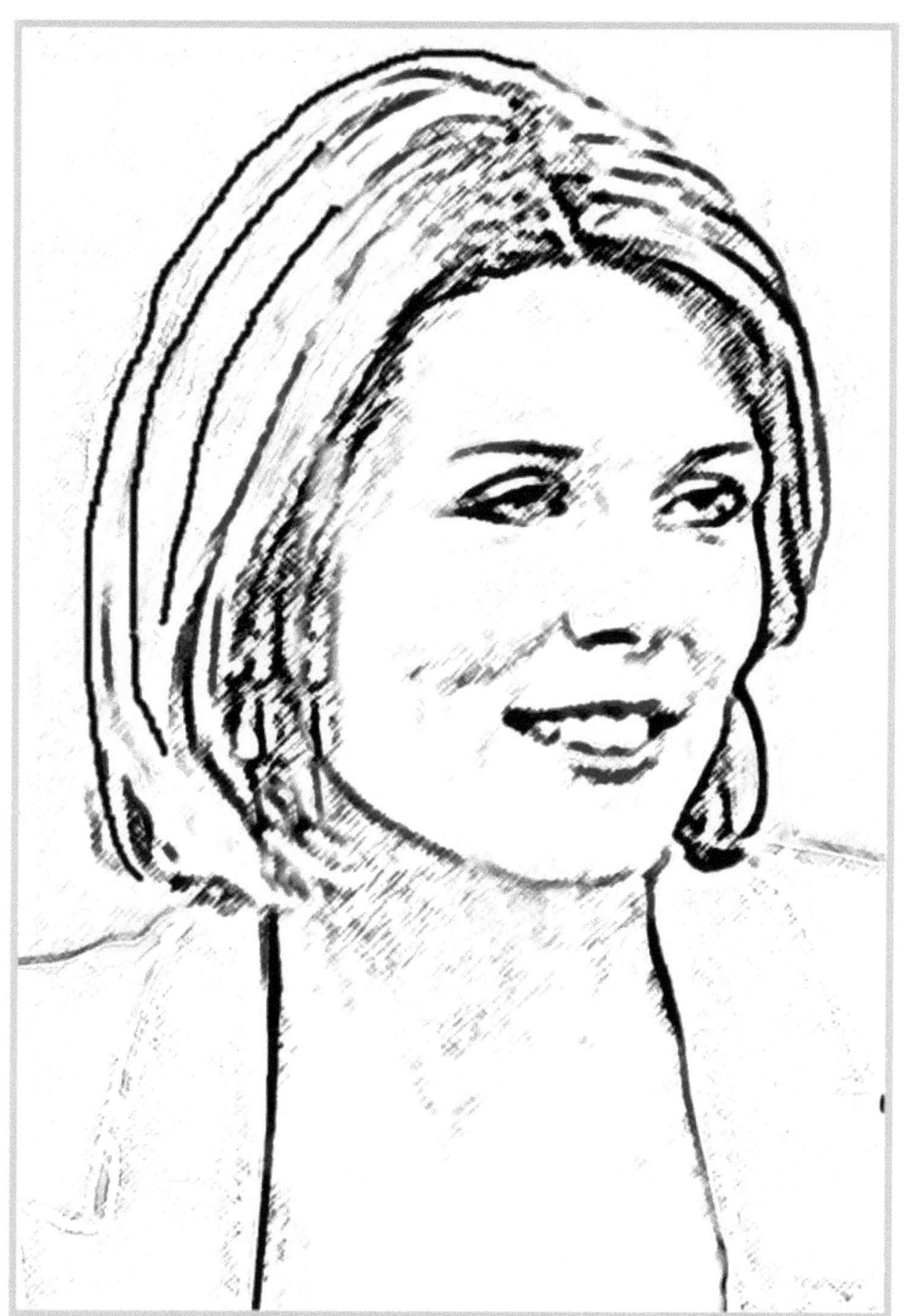

Miriam Lange

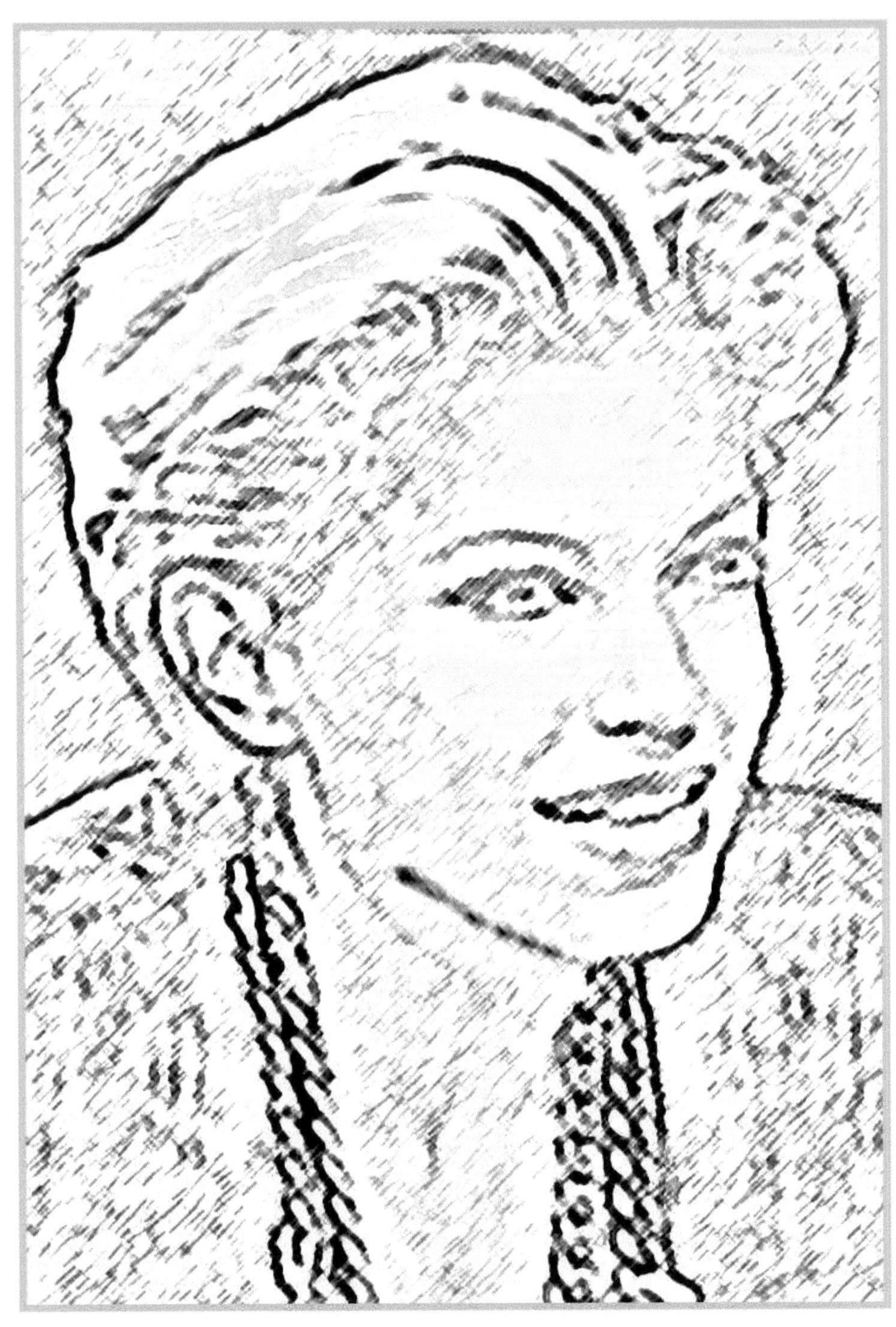

29

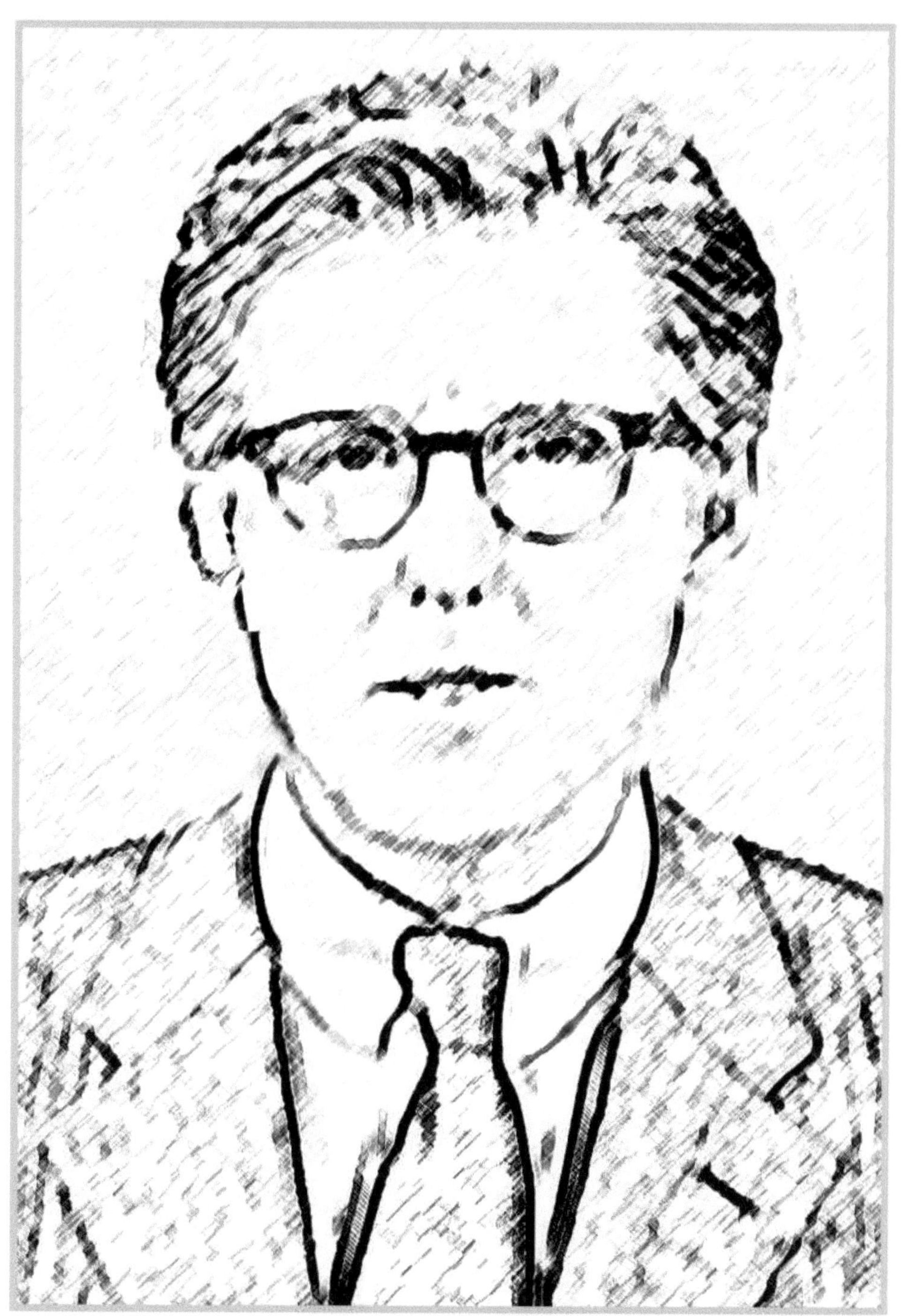

Theo Kroll

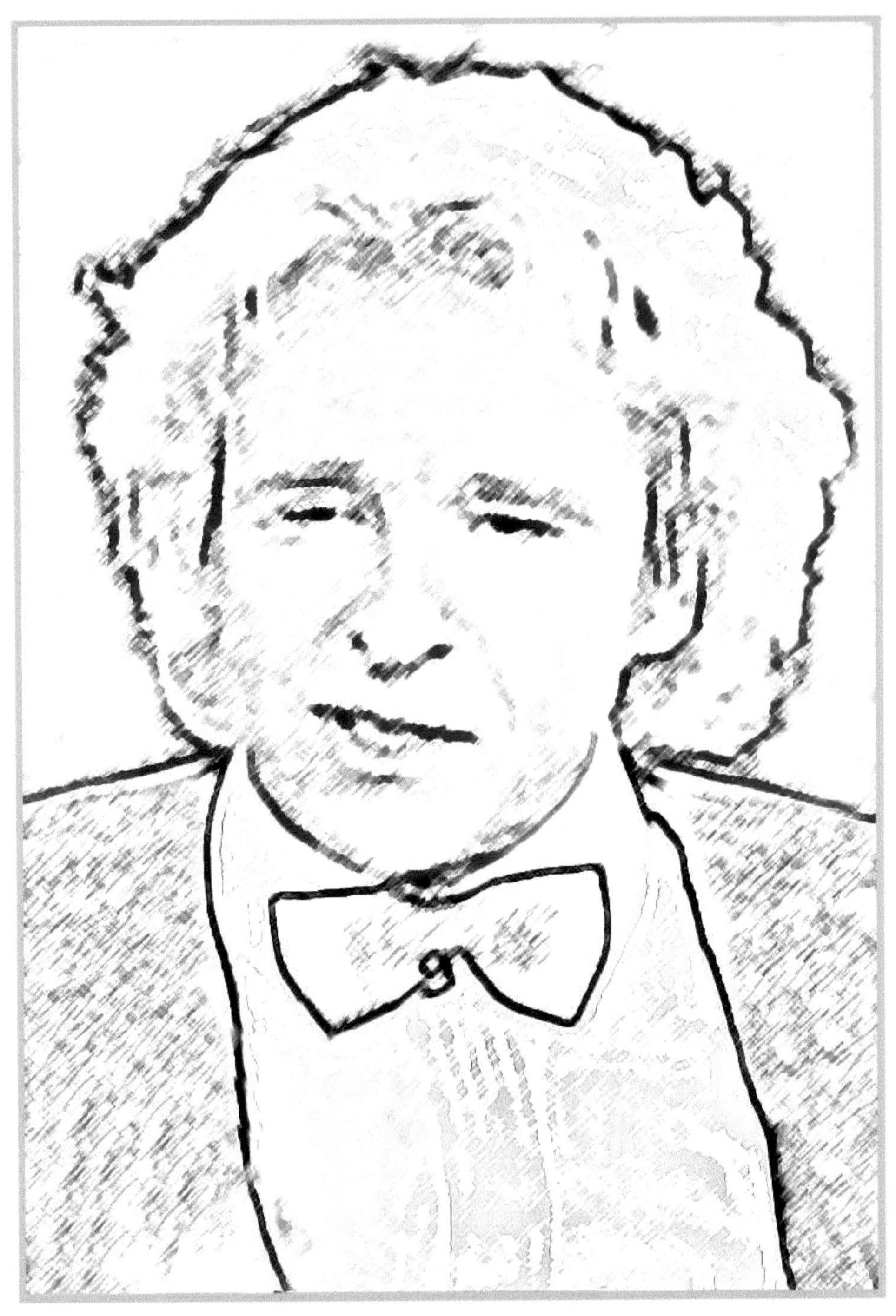

31

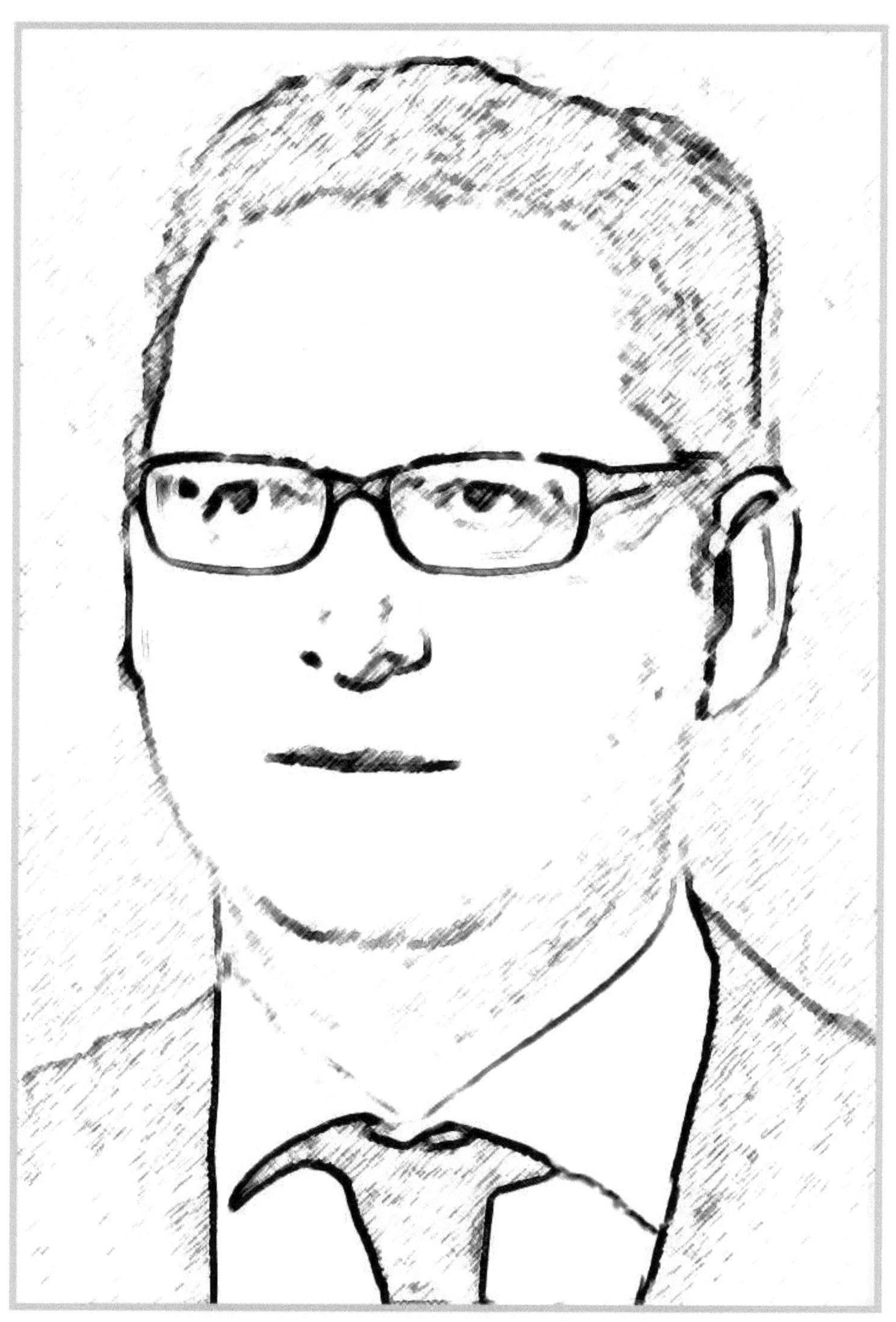

Thorsten Schäfer-Gümbel

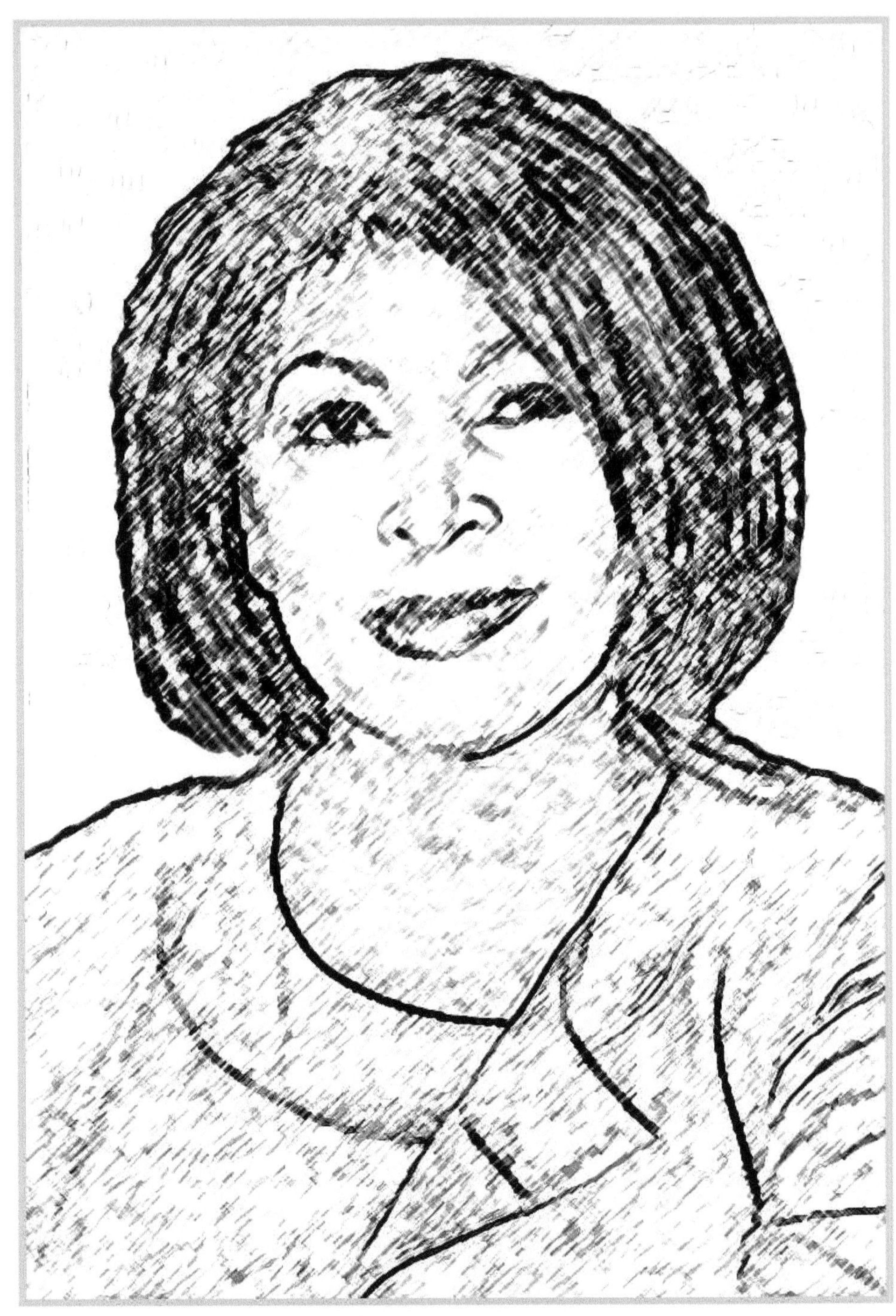

33

Tina Turner

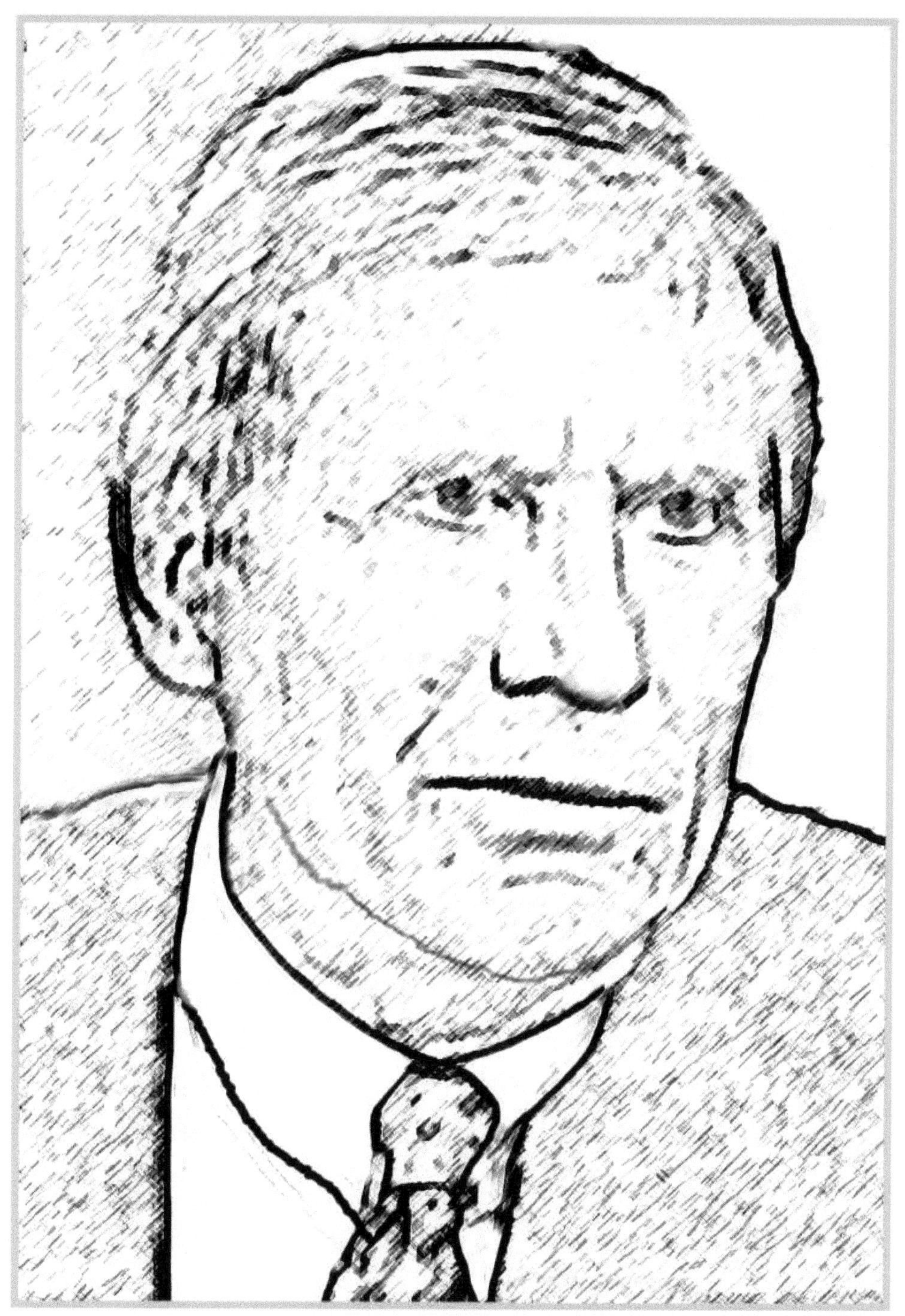

Ullrich Wickert

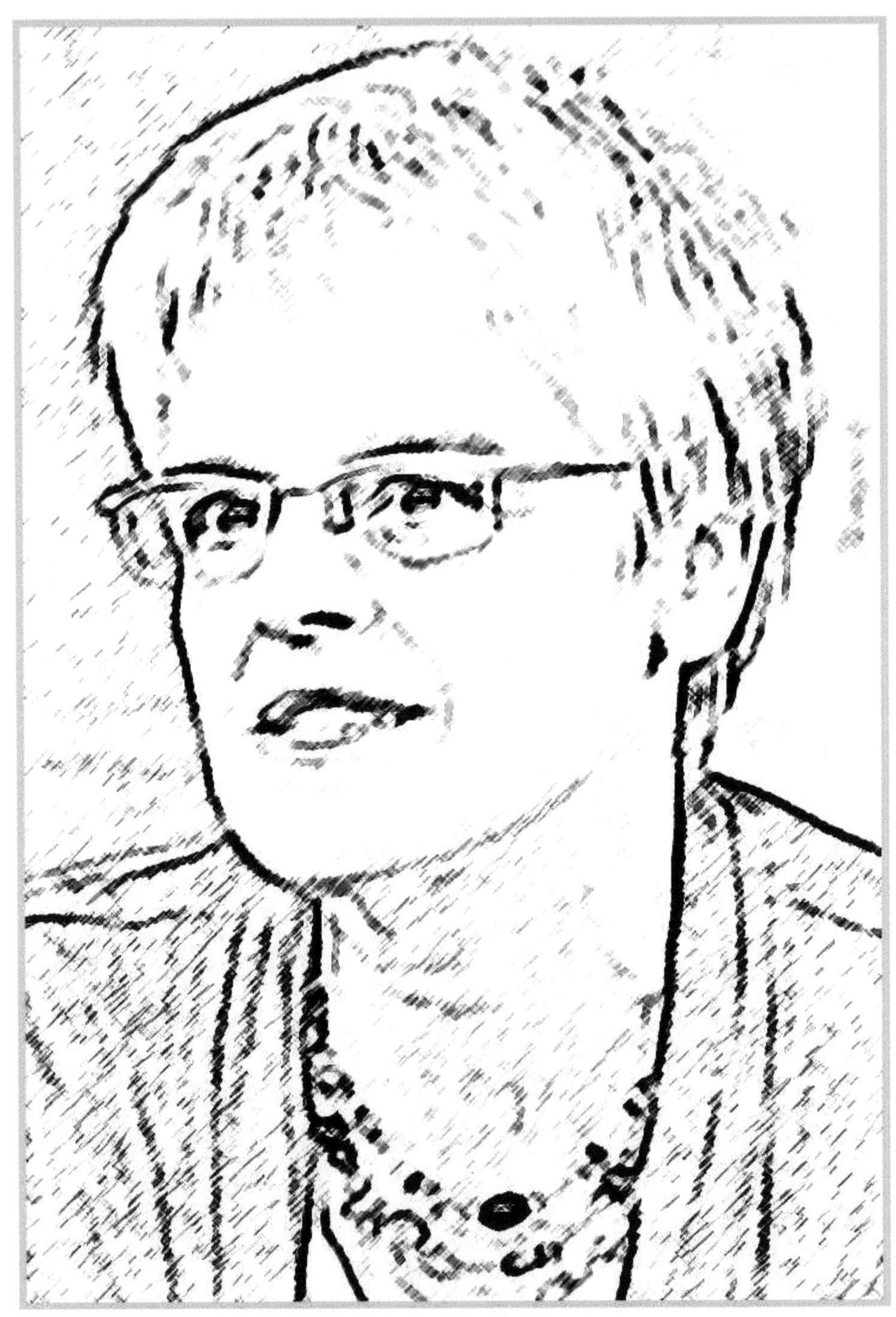

Ulrike Herrmann

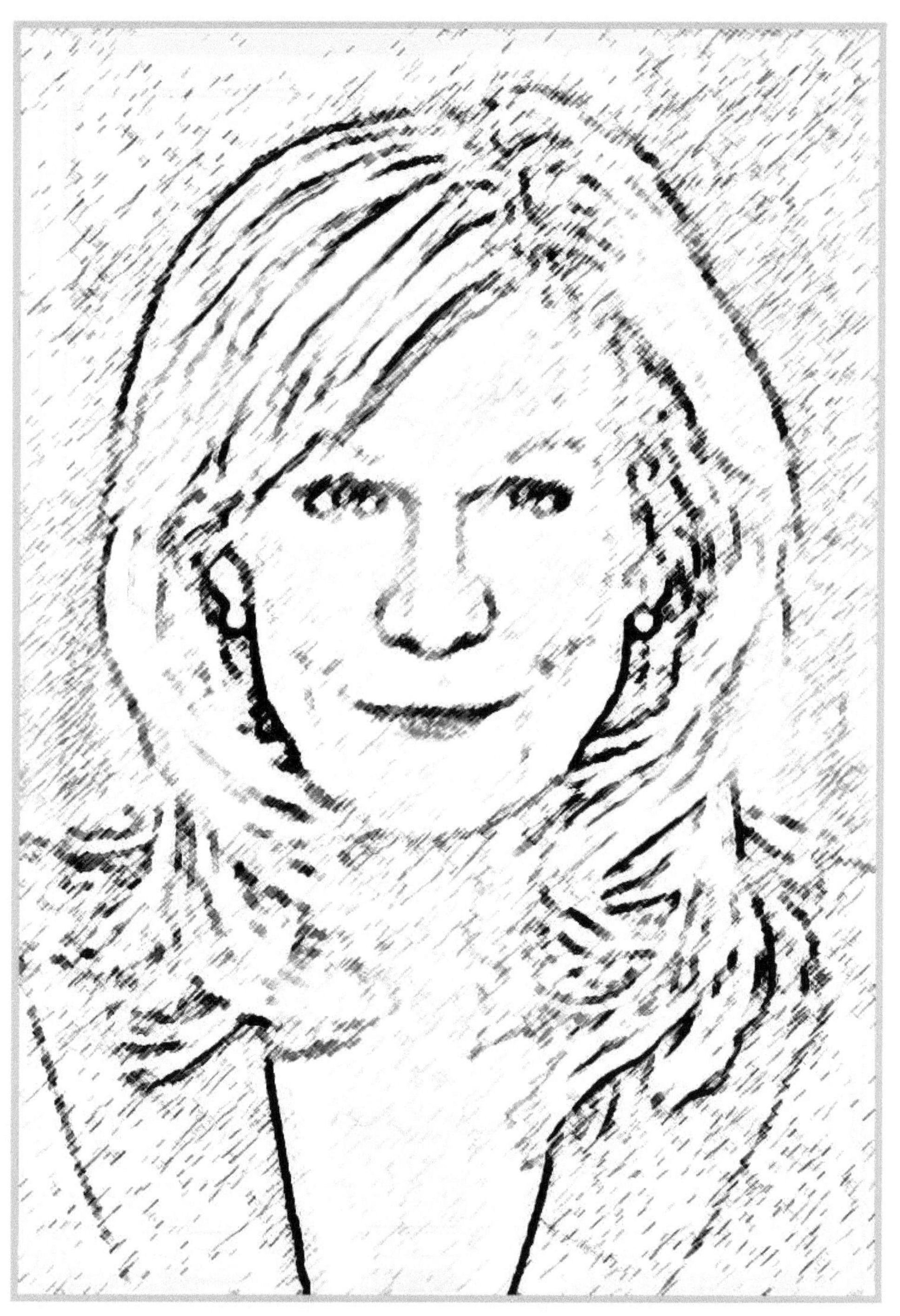

Ulrike von der Groeben

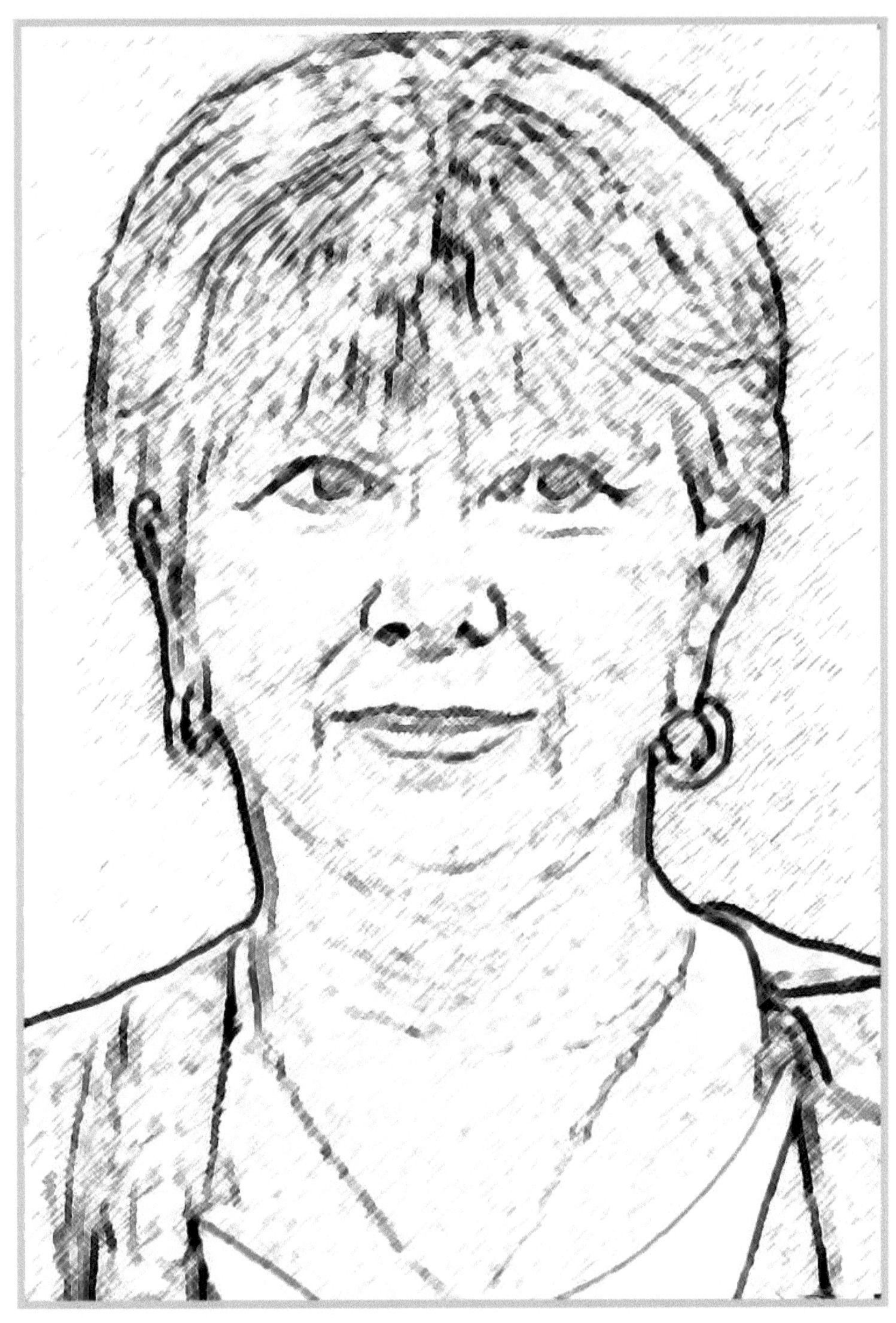

Ursela Monn

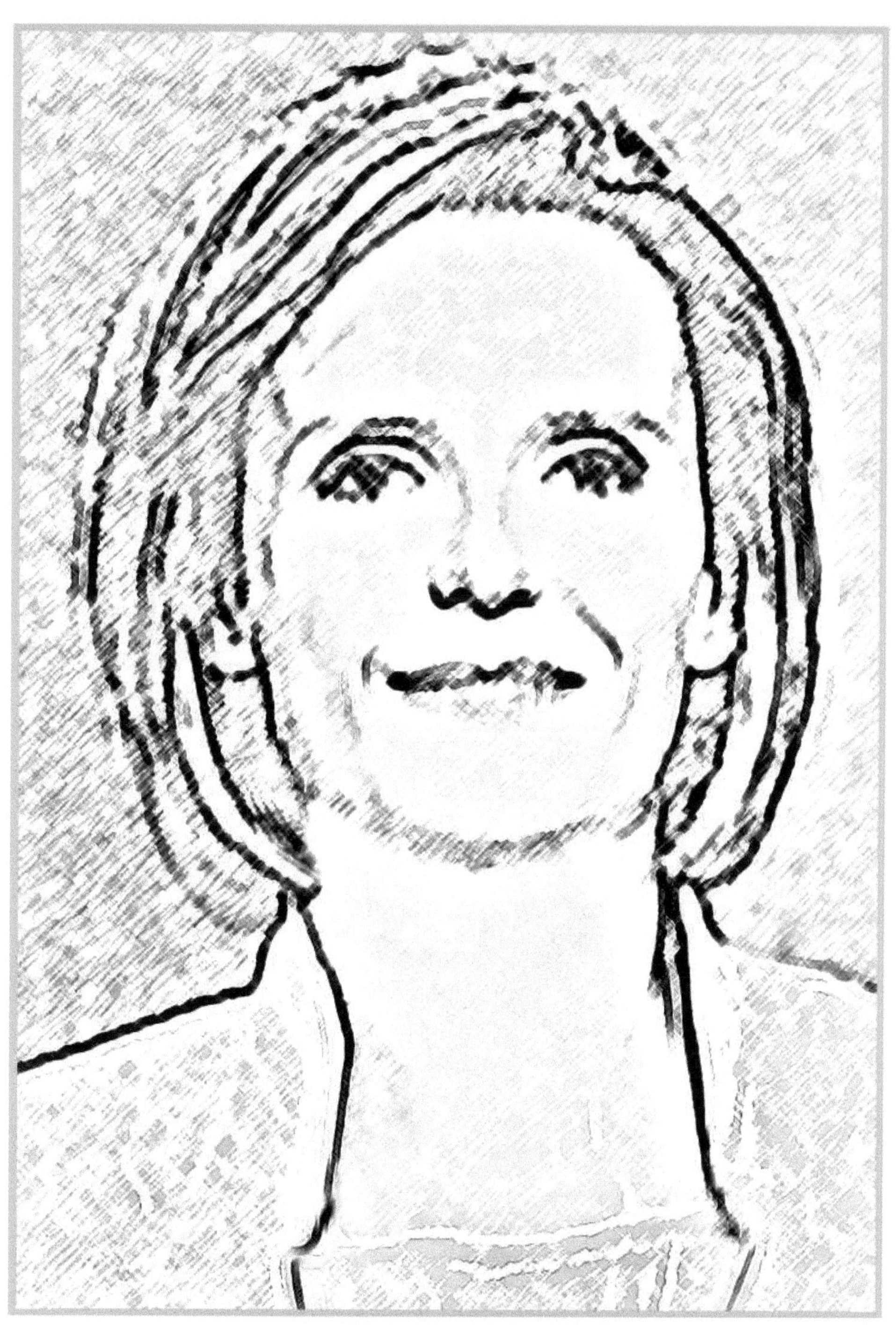

Valerie Haller

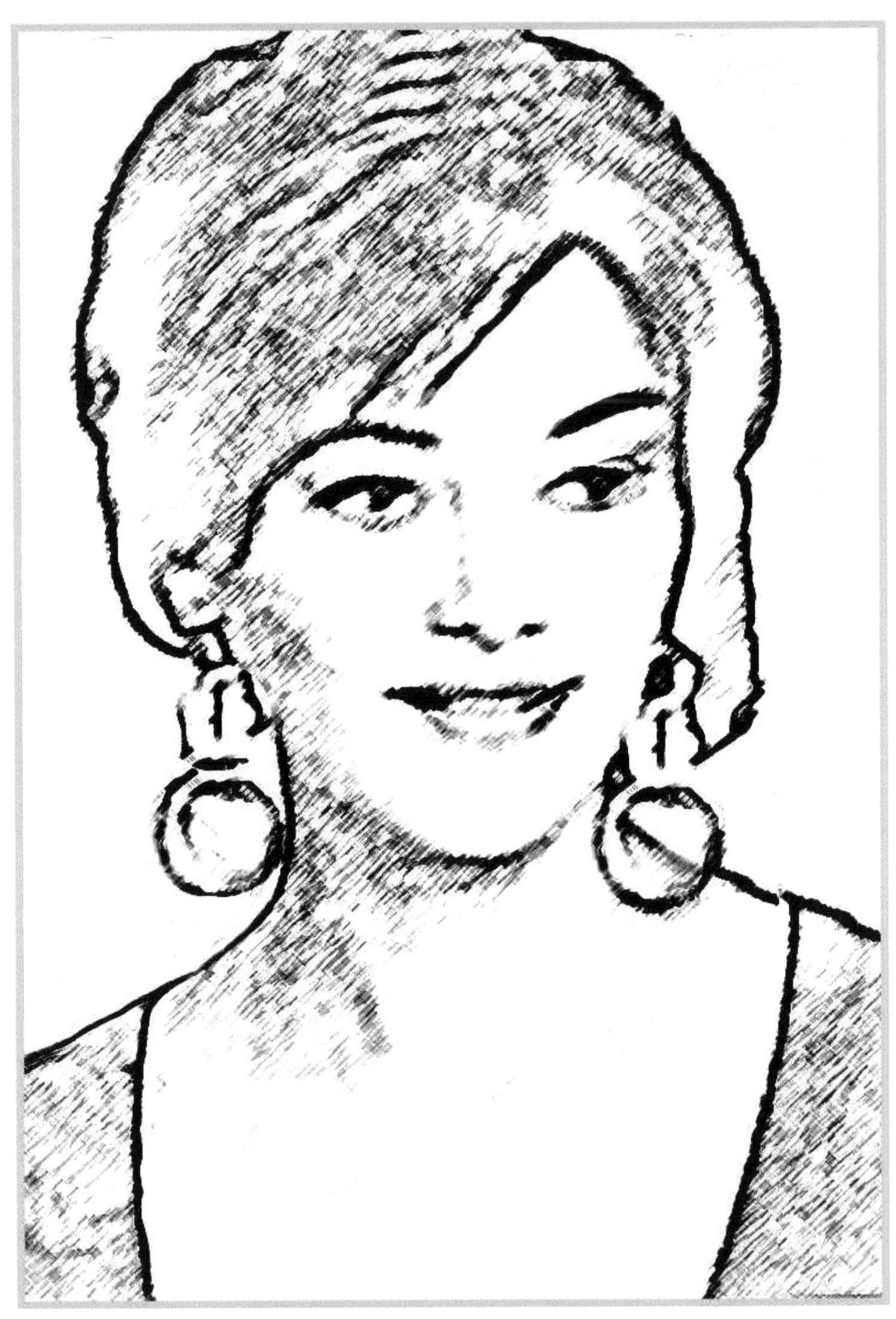

39

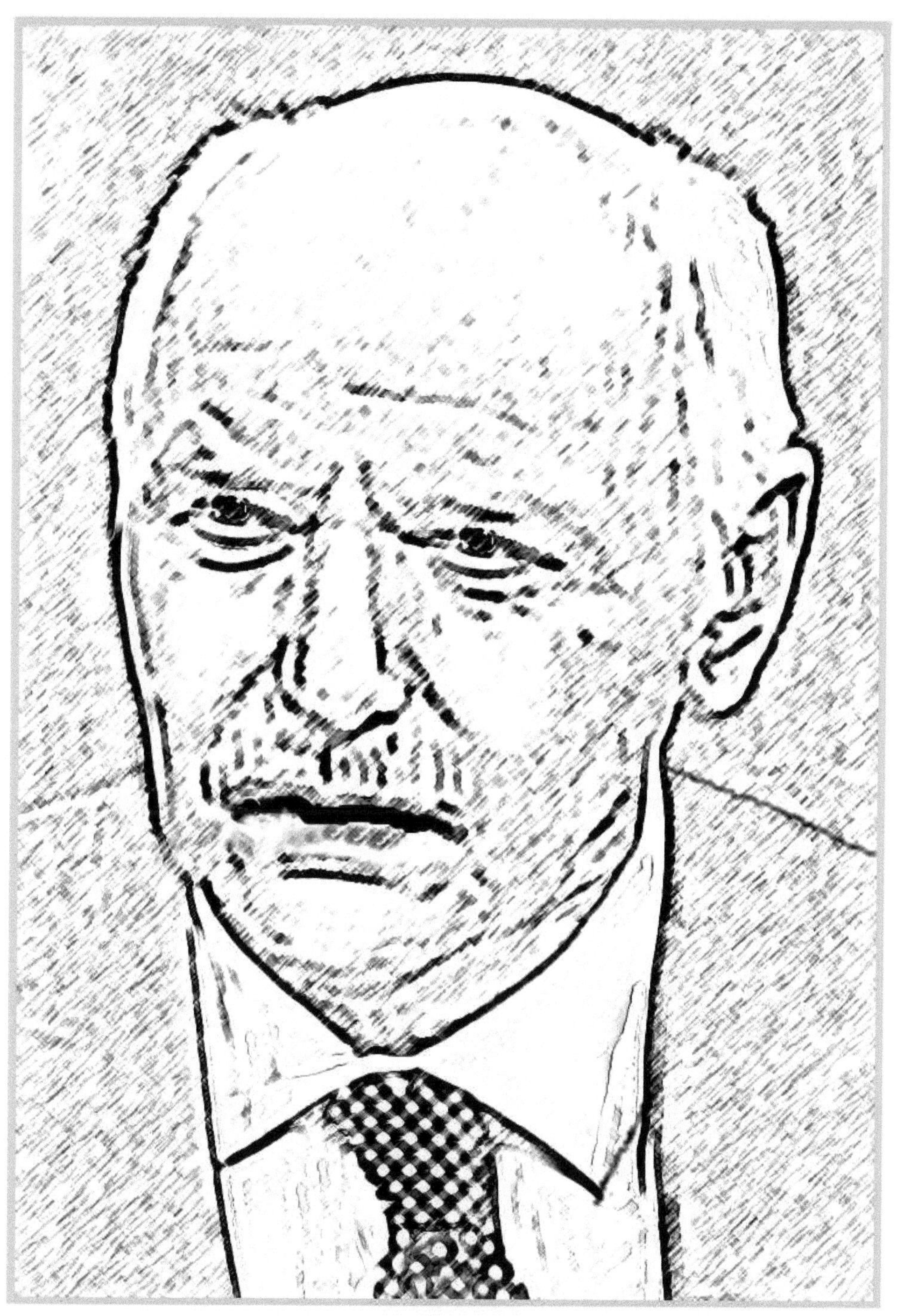

Wieland Backes

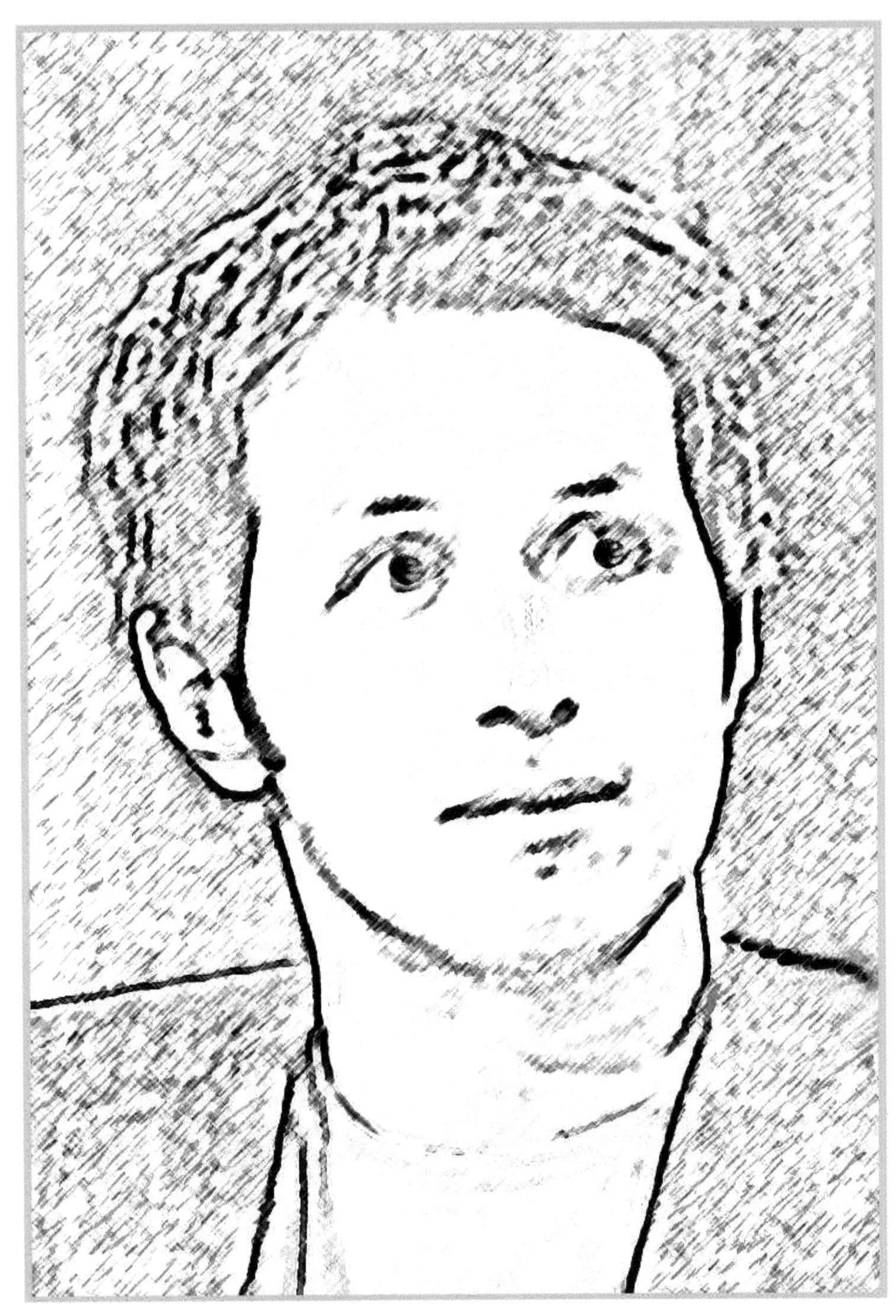

Willy Weitzel

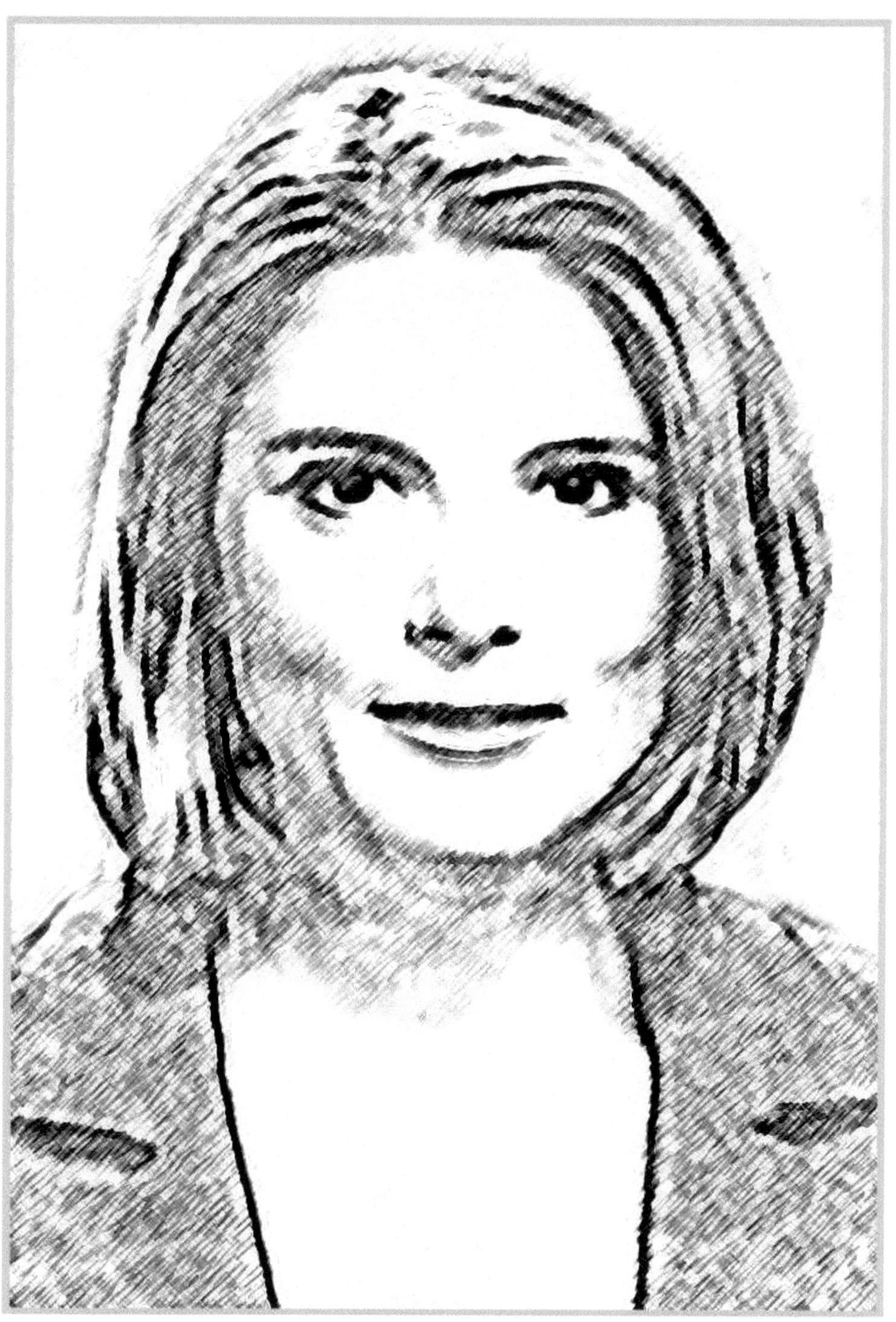

Yve Fehring

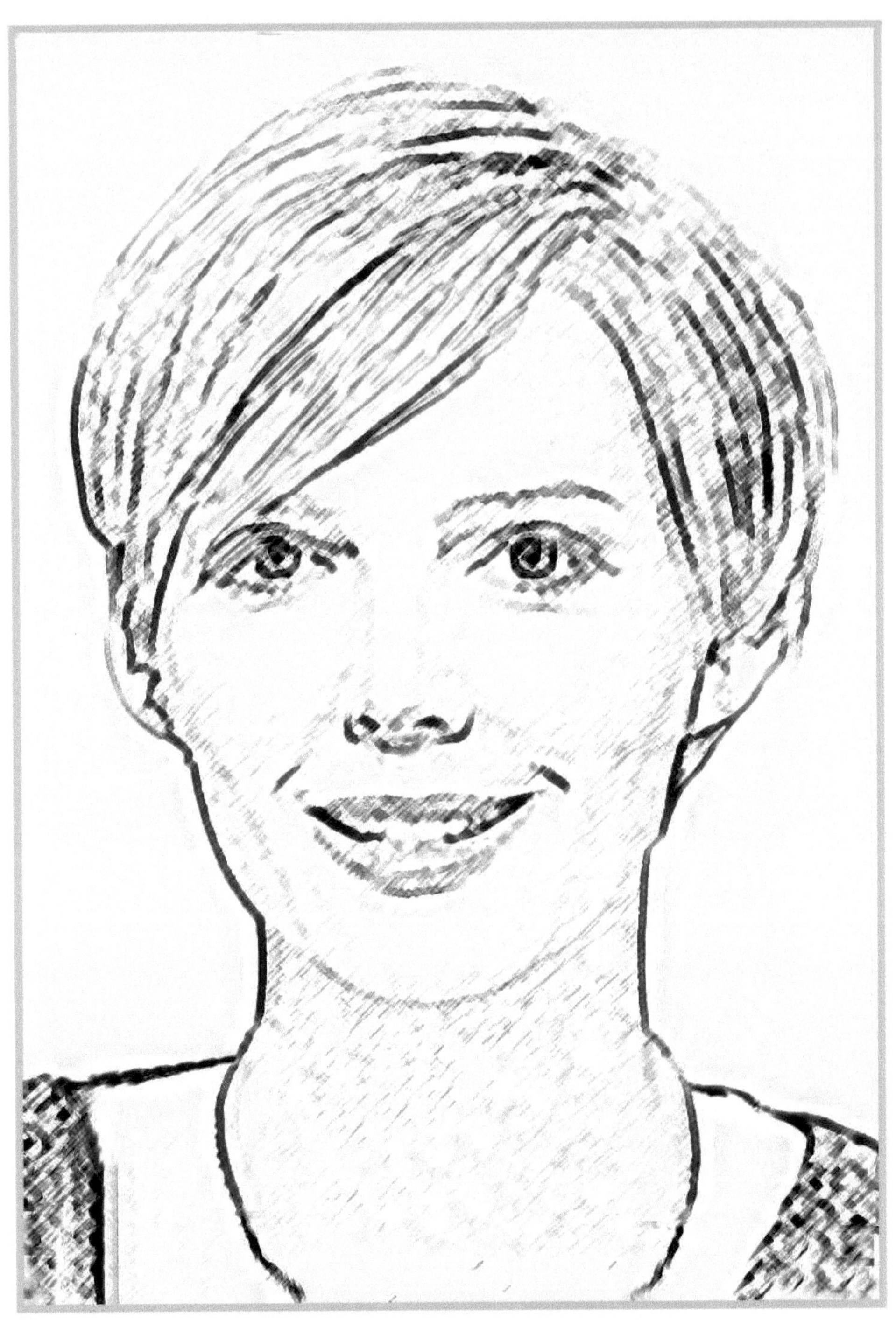

Yvonne Ransbach

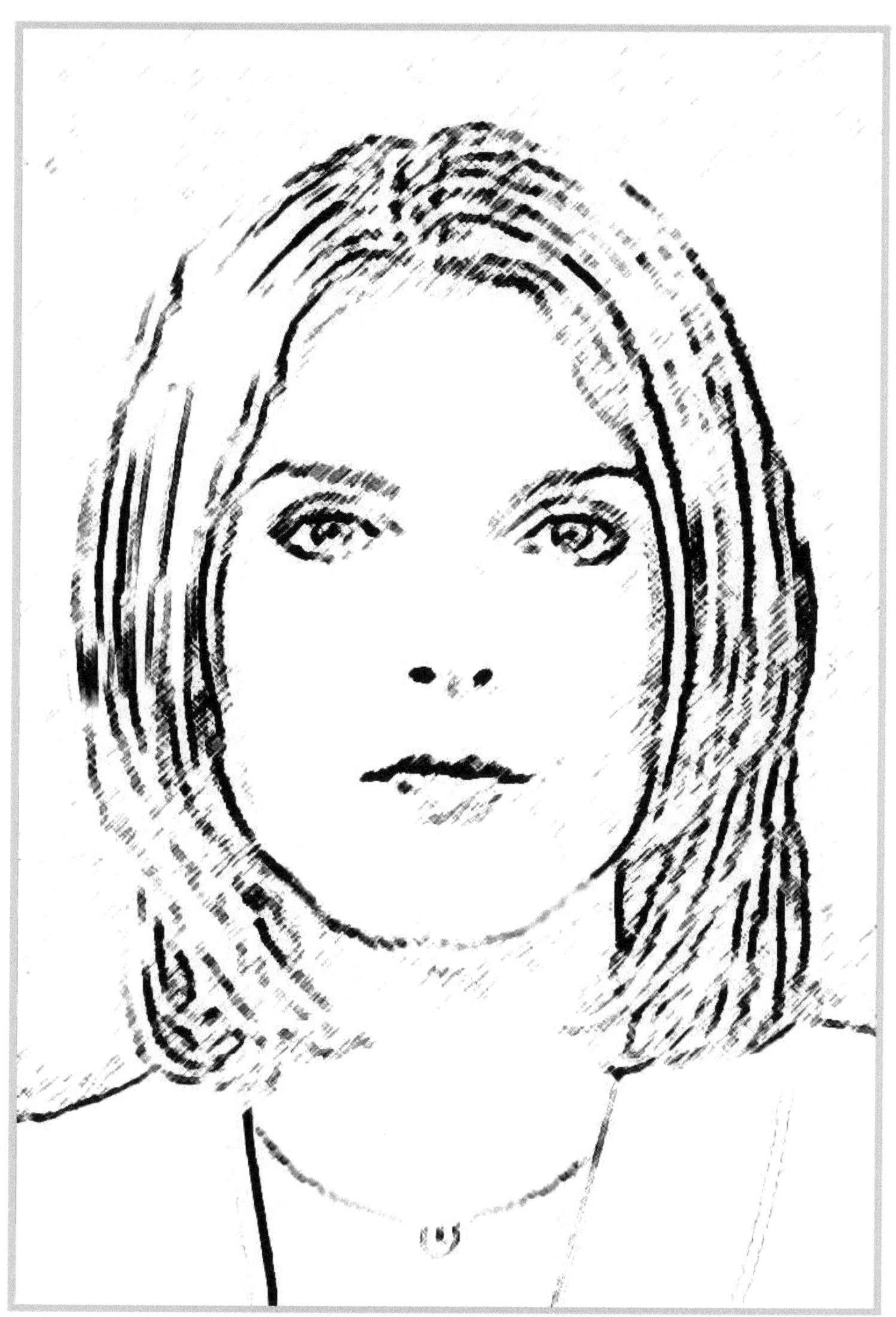

Marietta Slomka

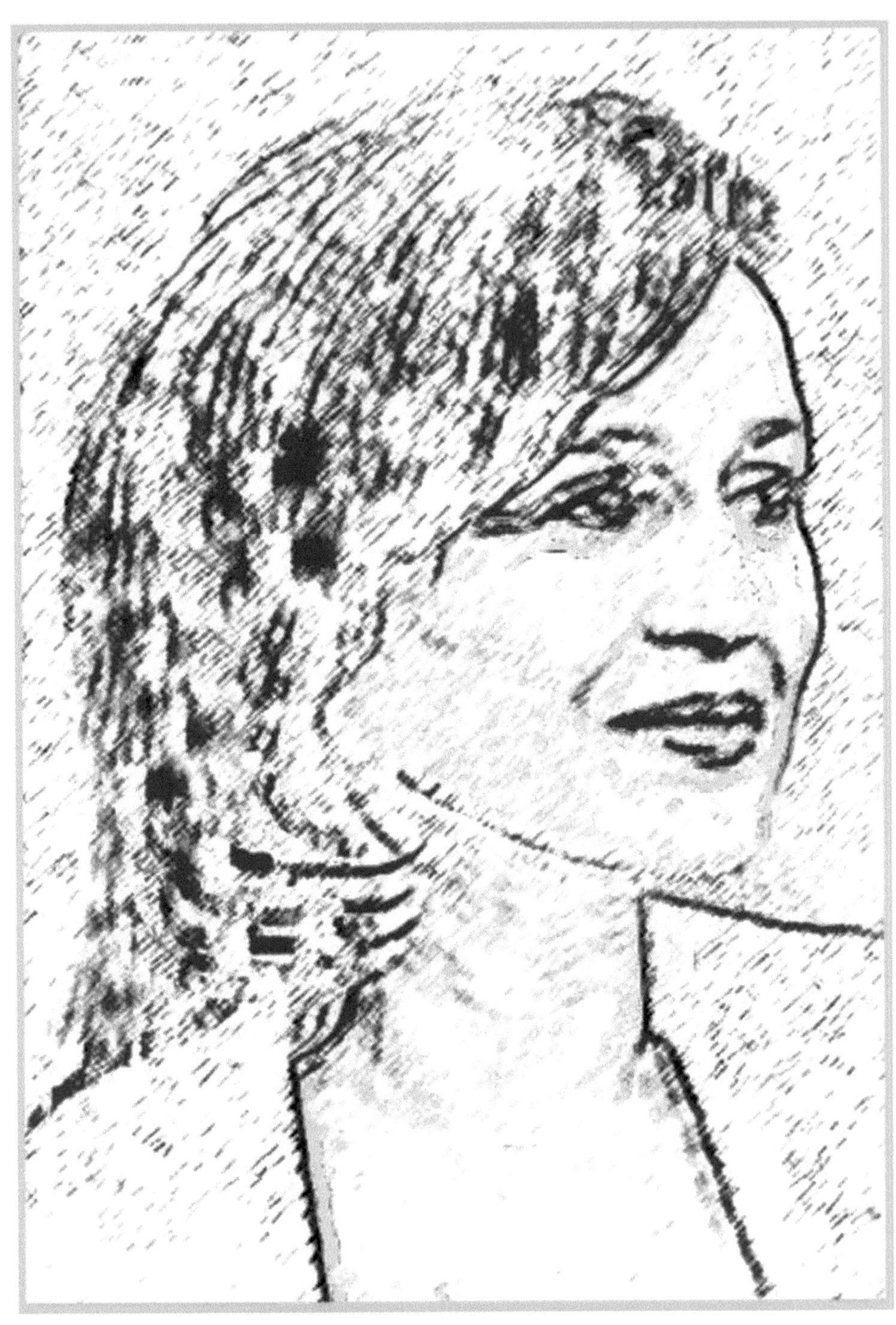

Maybrit Illner

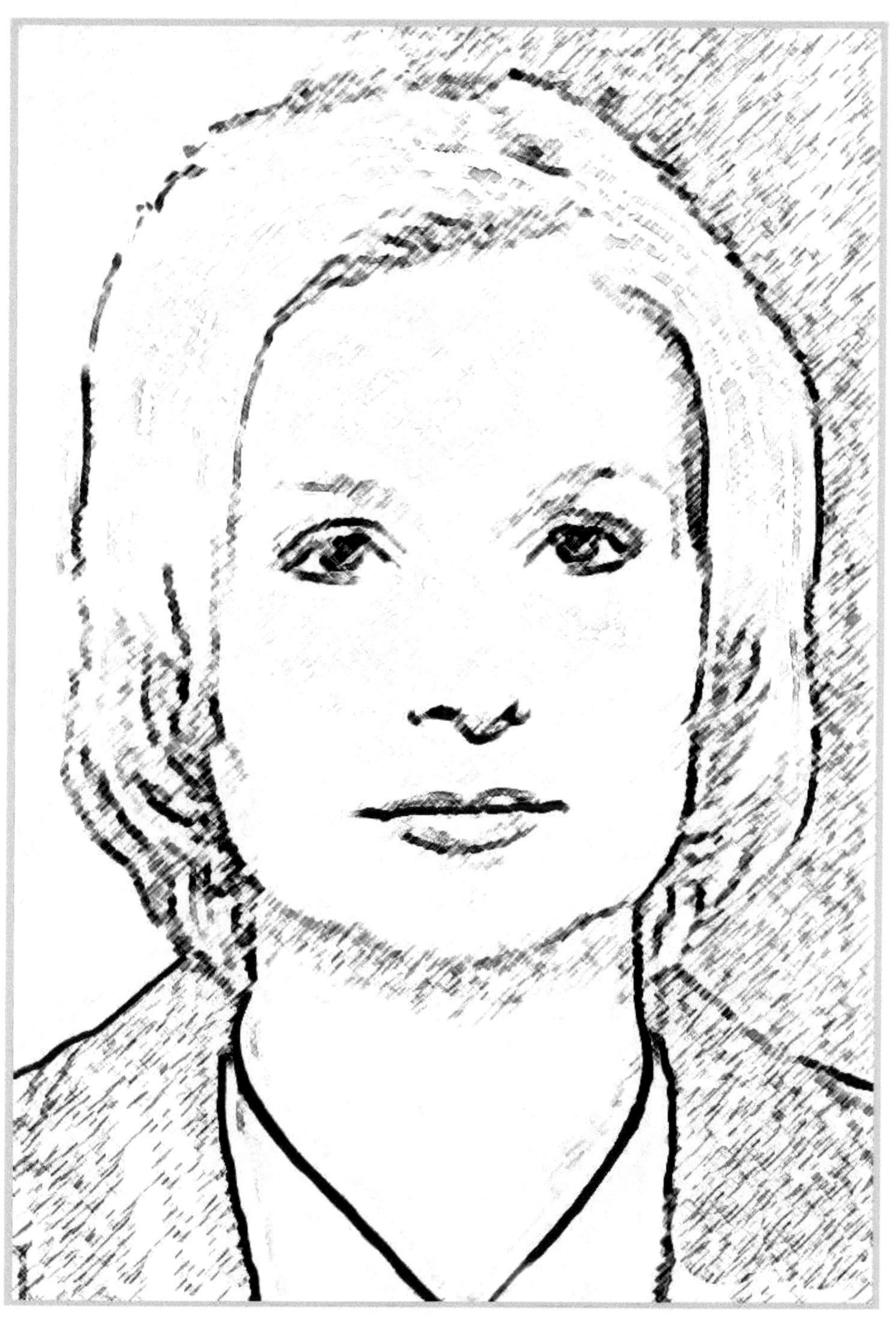

Babette Einstmann

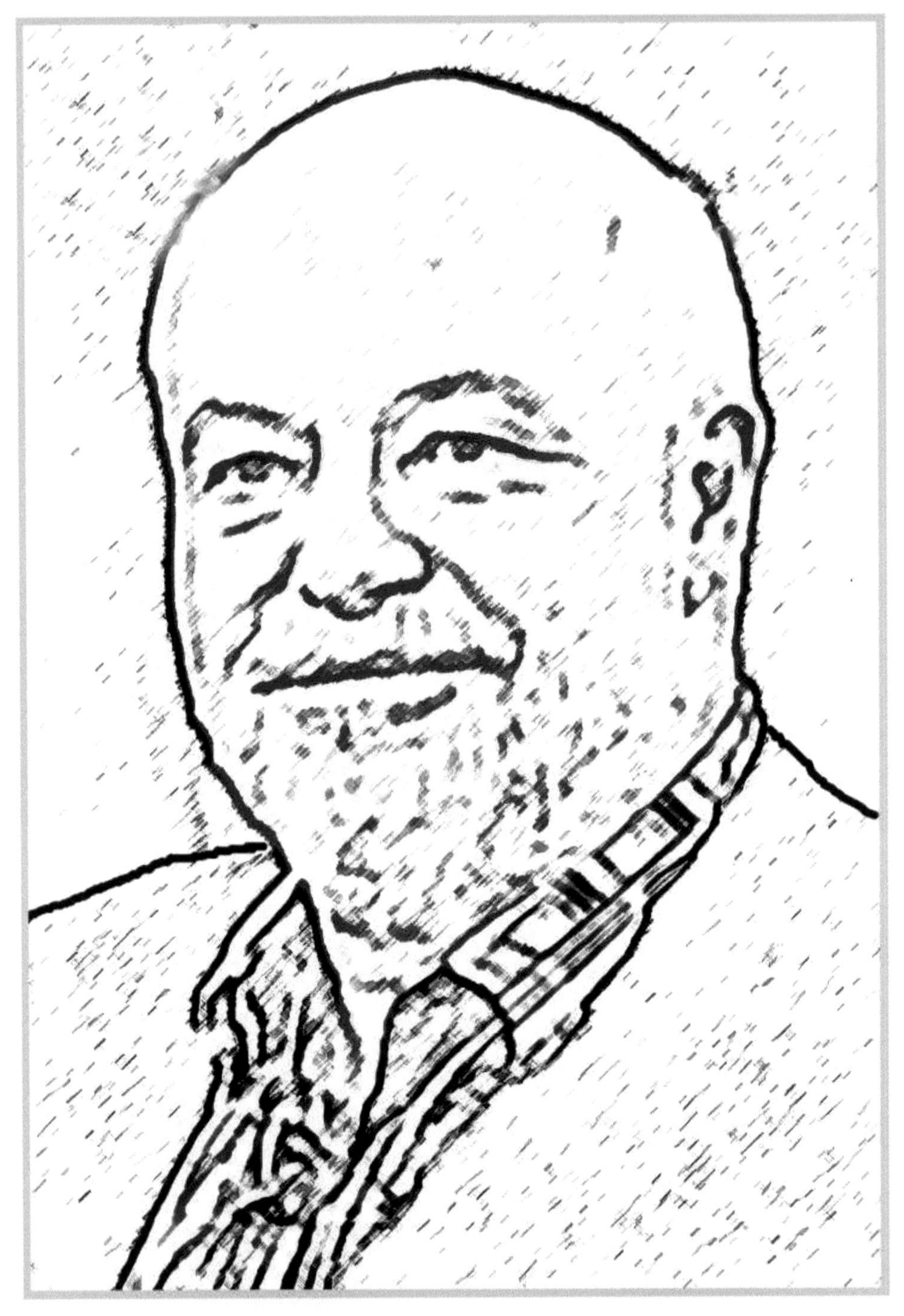

 William (Bill) Mockridge

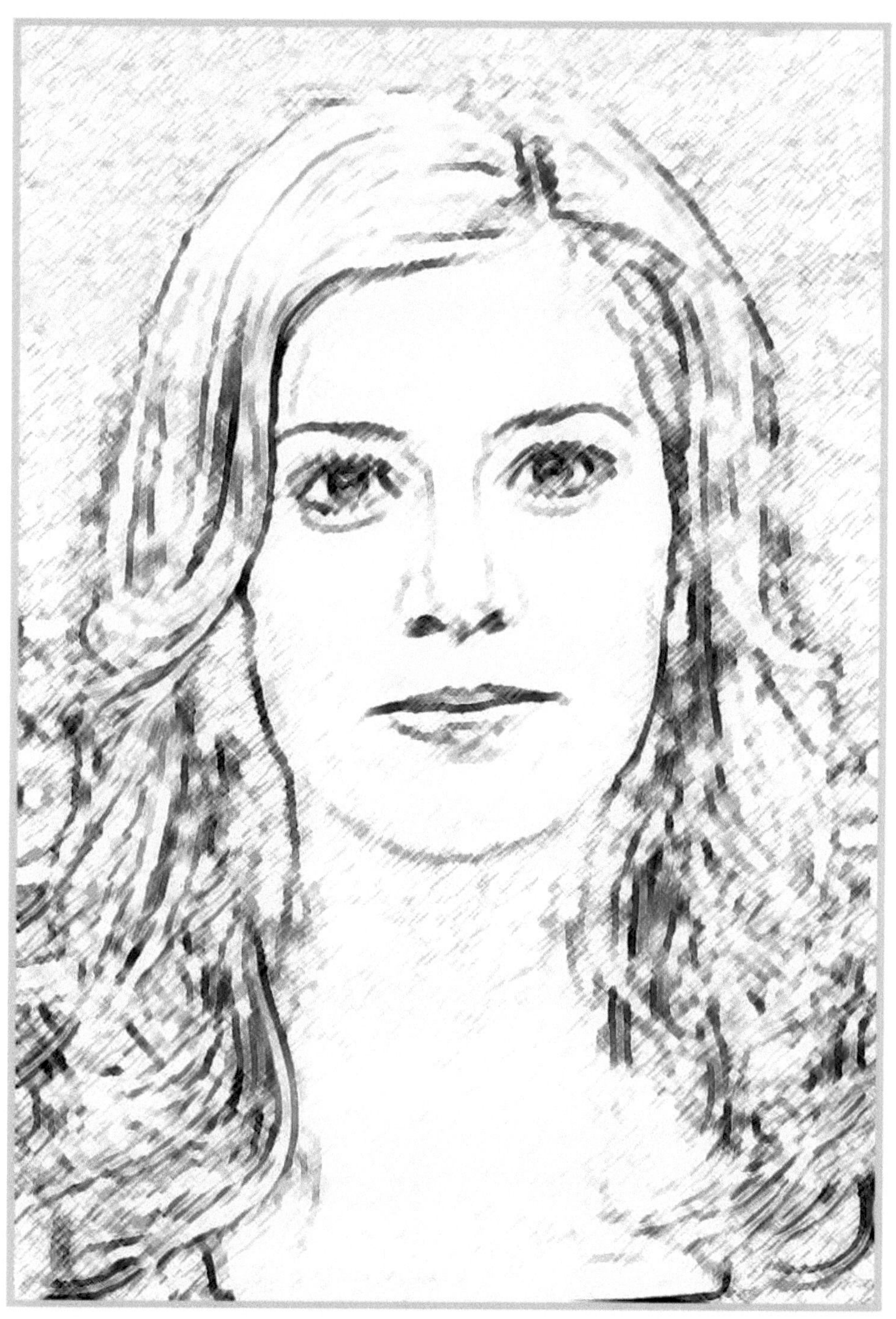

Katherine Vogel

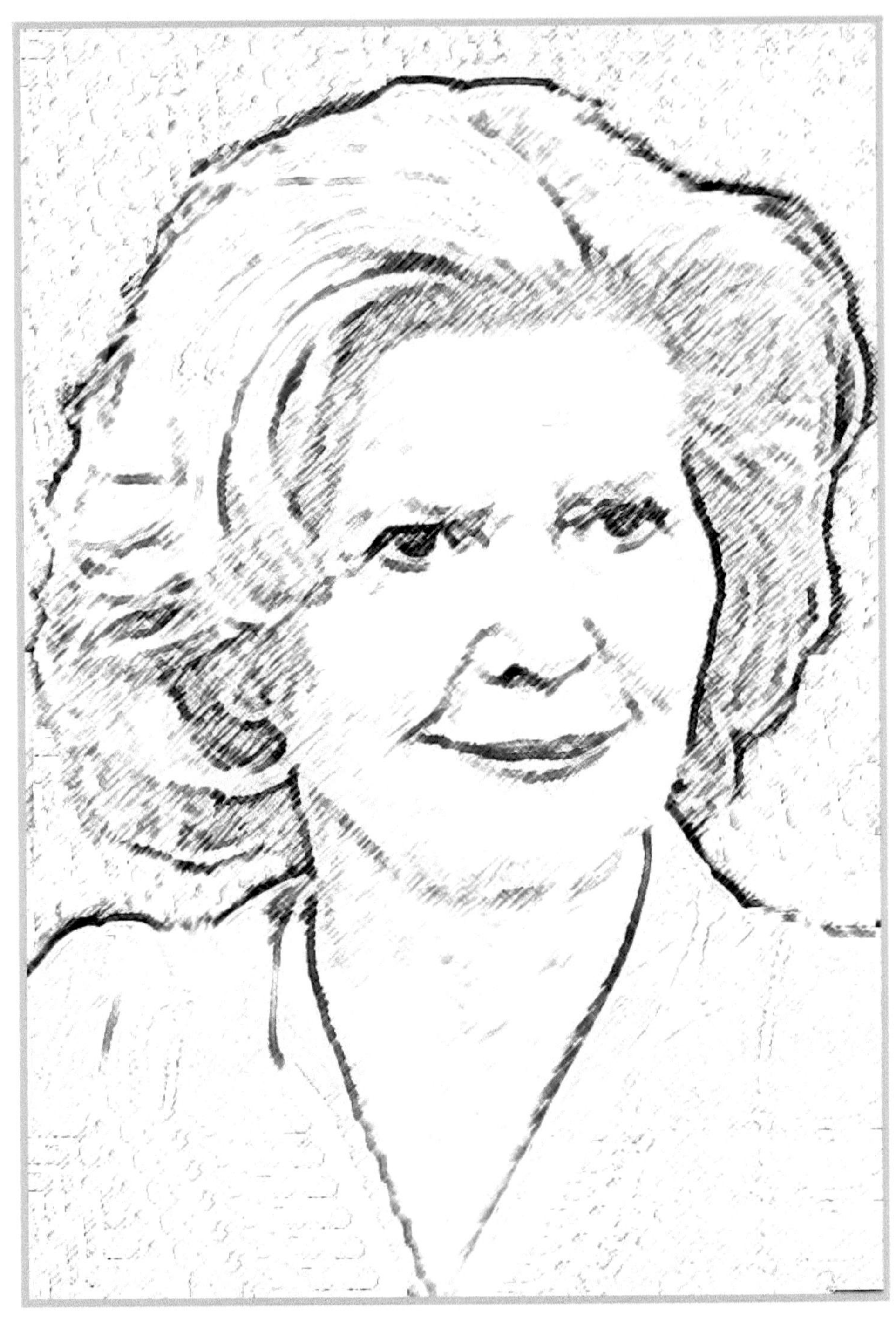

Christiane Hörbiger

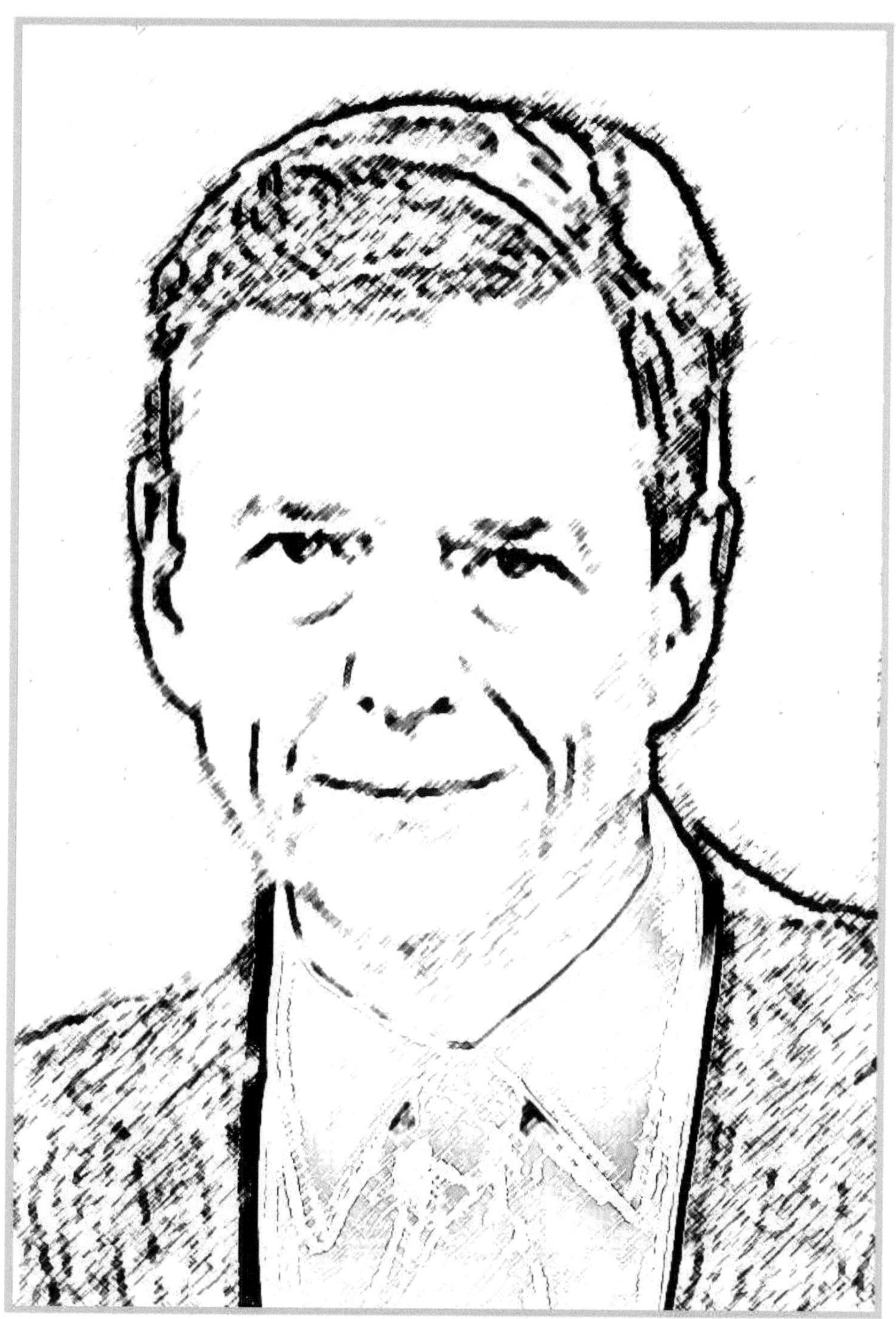

Klaus Kleber

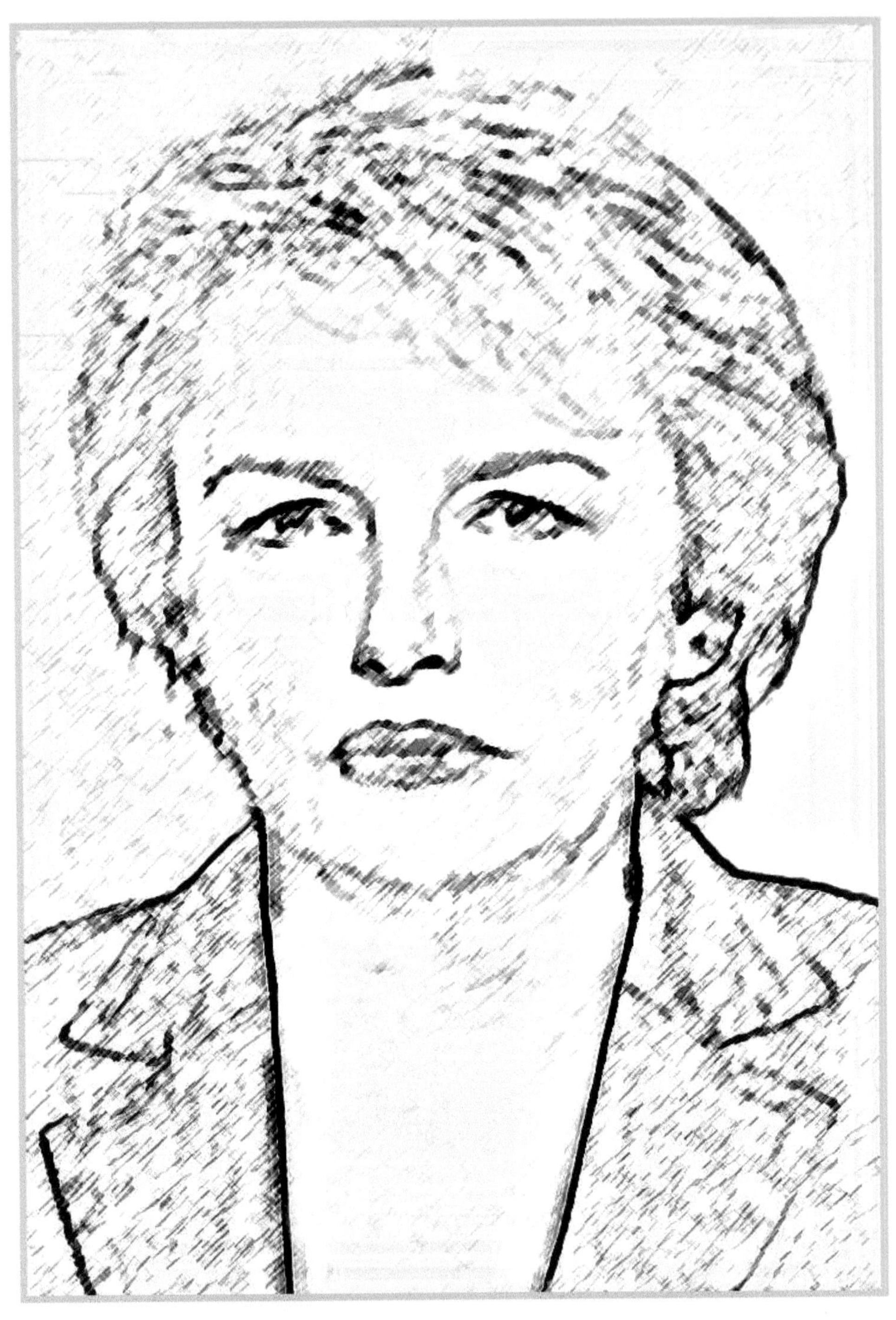

Constanze Angermann

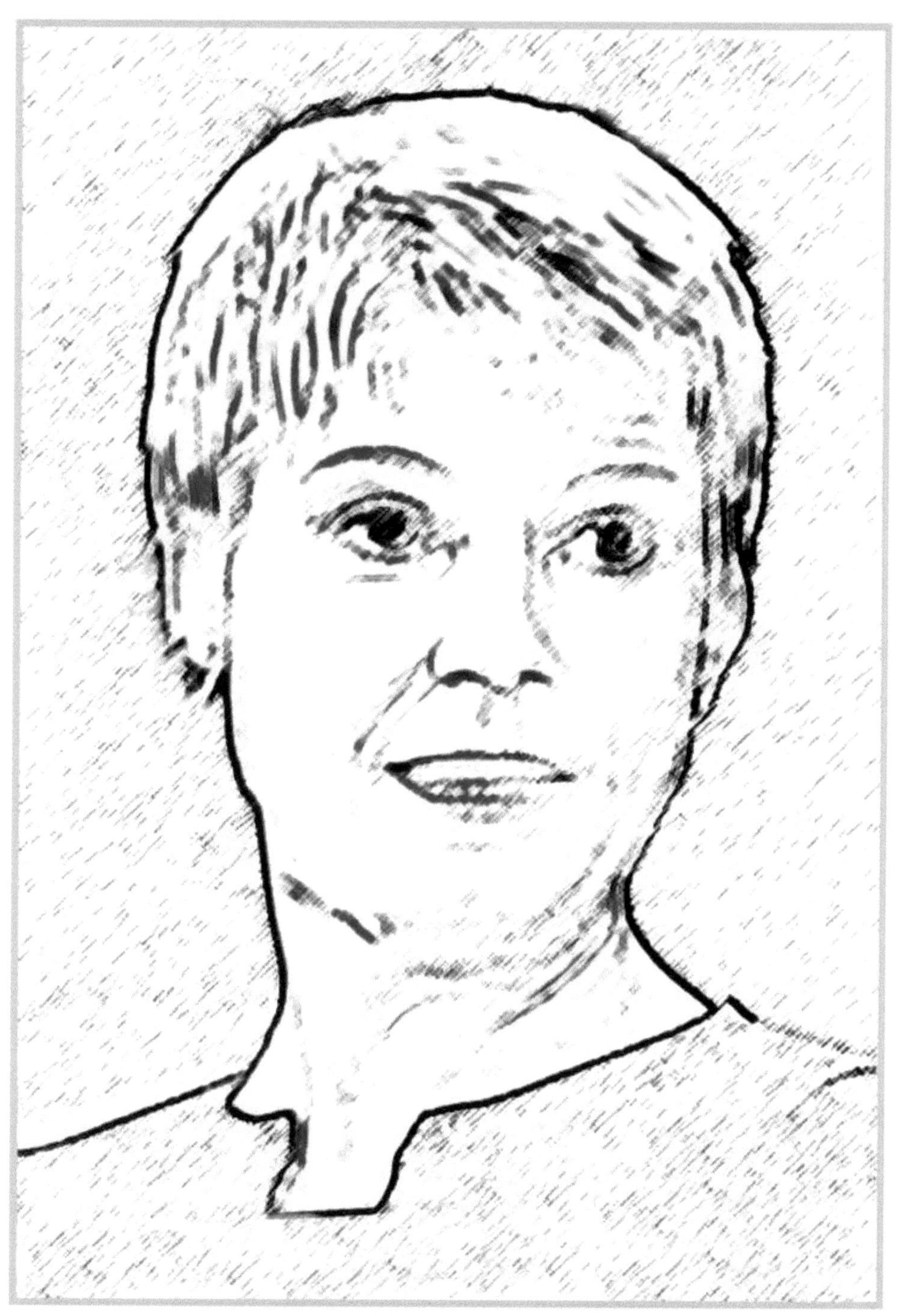

Cordula Stratmann

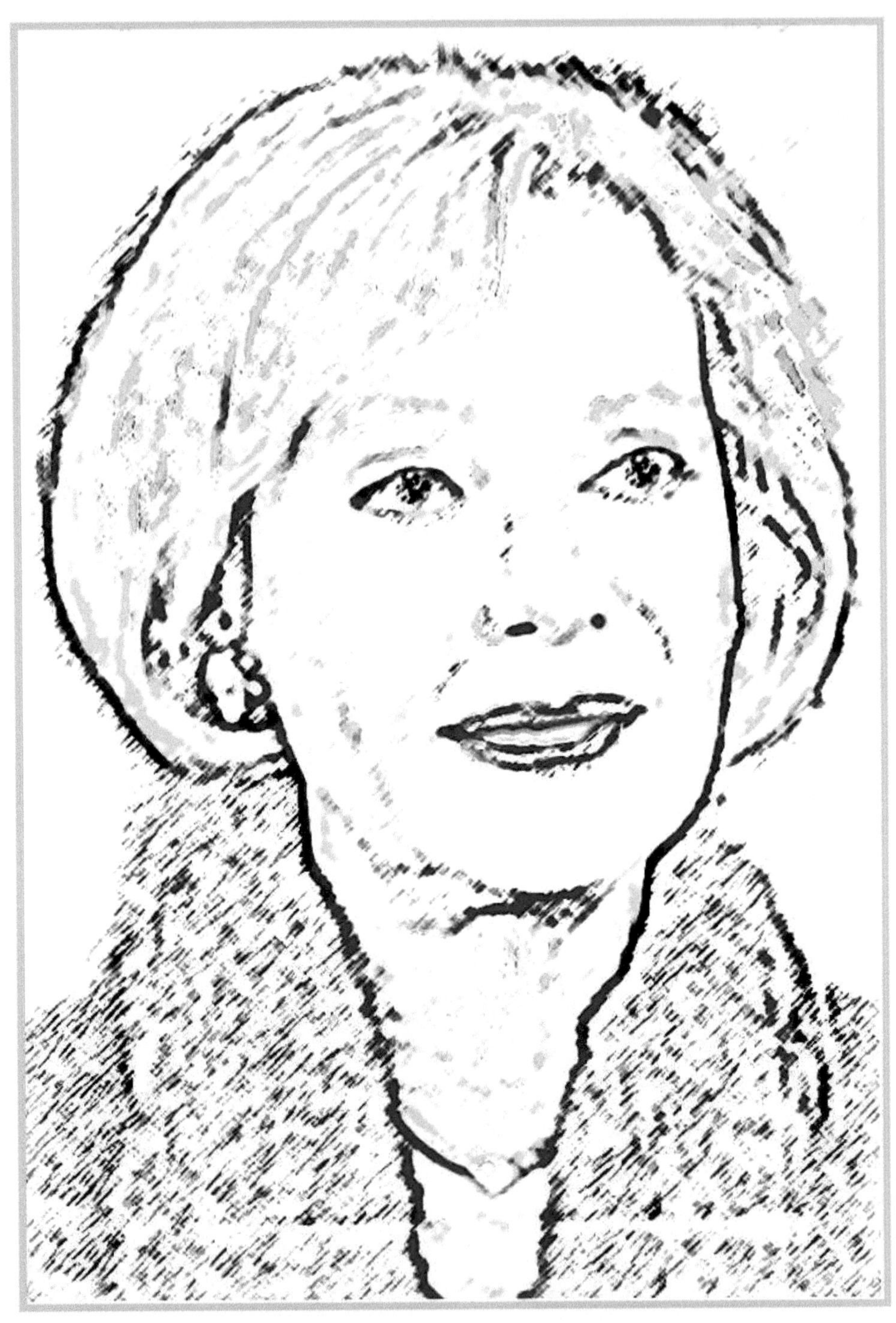

53 **Dagmar Berghoff**

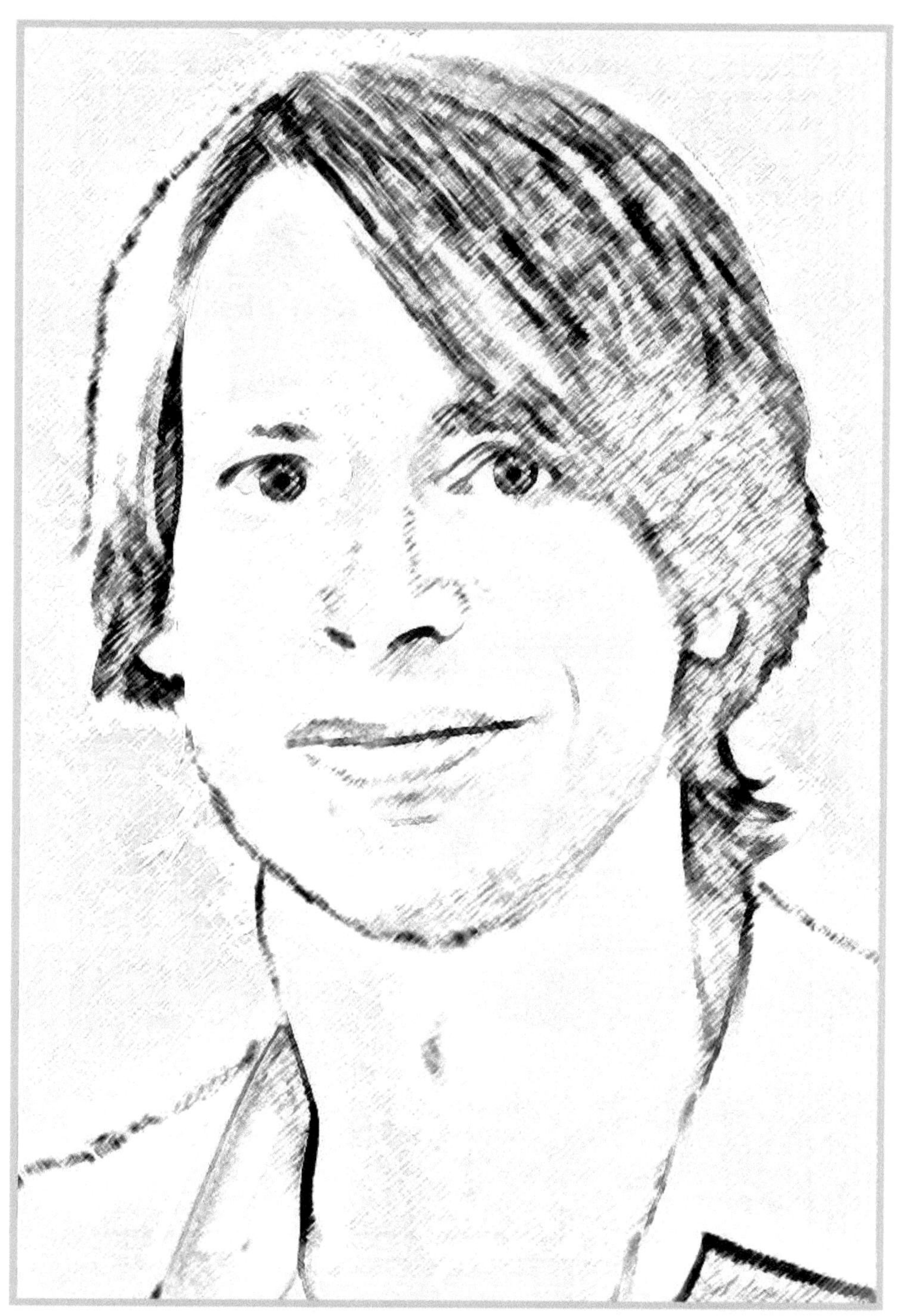

David Precht

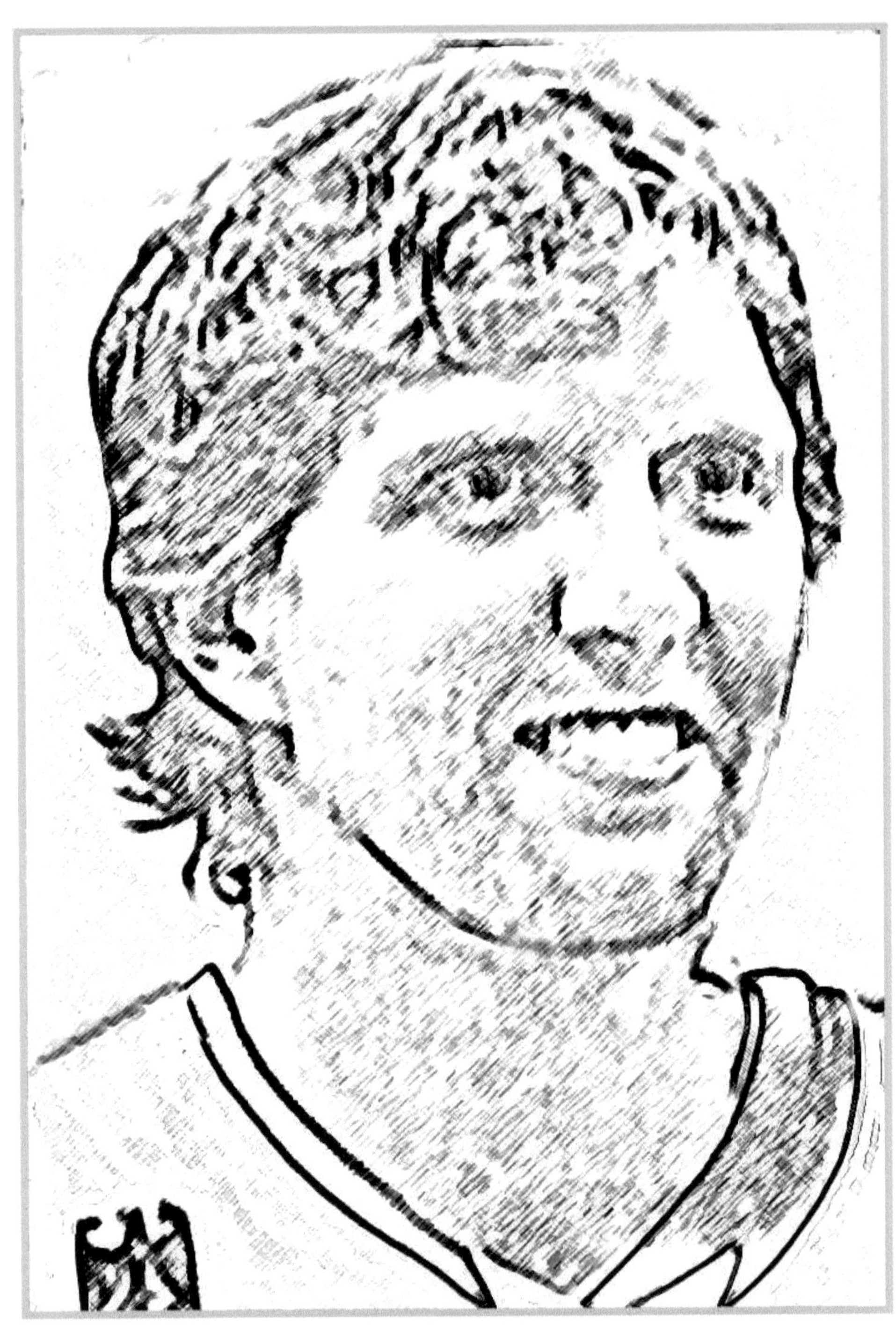

Dirk Nowitzki

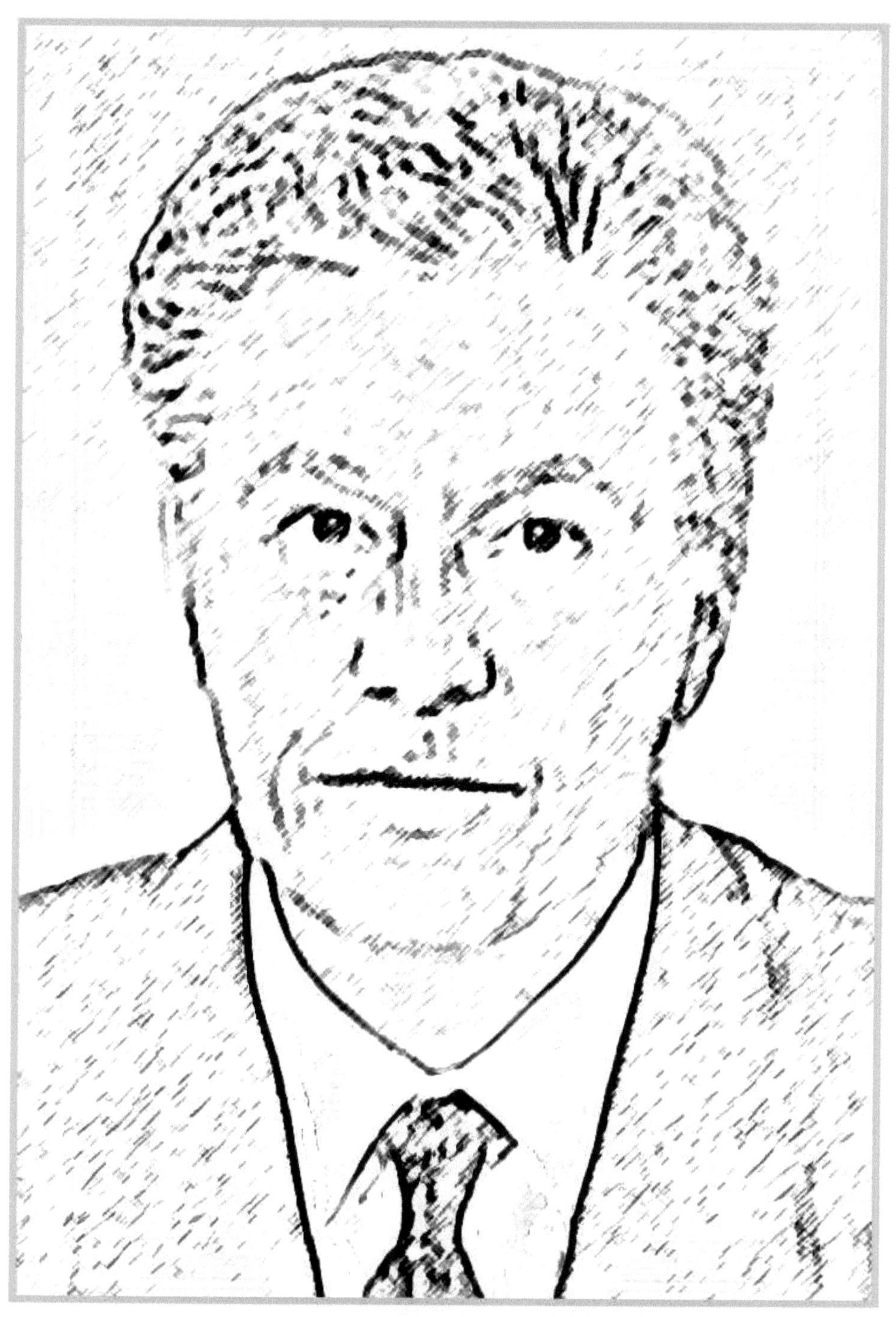

Claus-Erich Boetzges

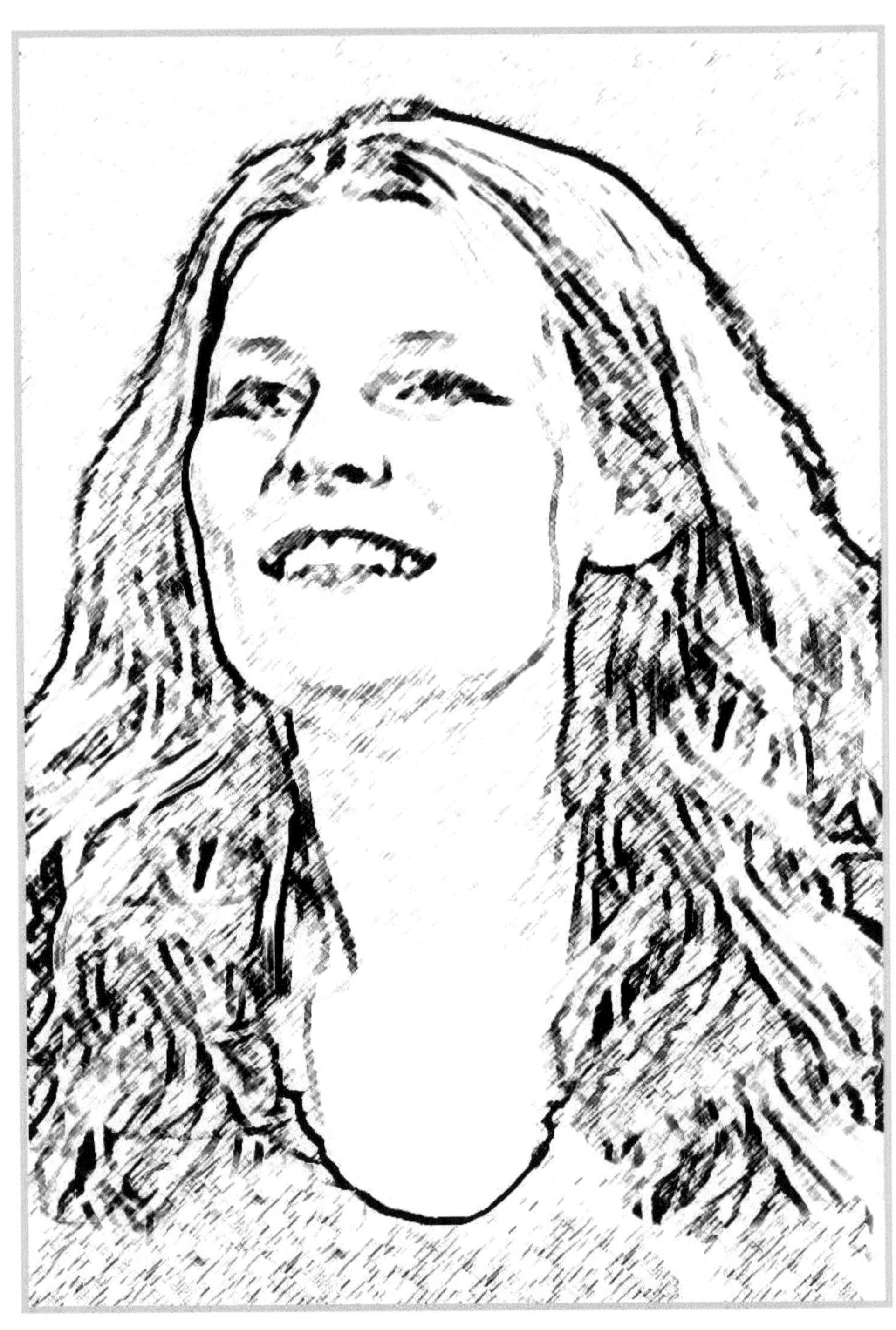

57

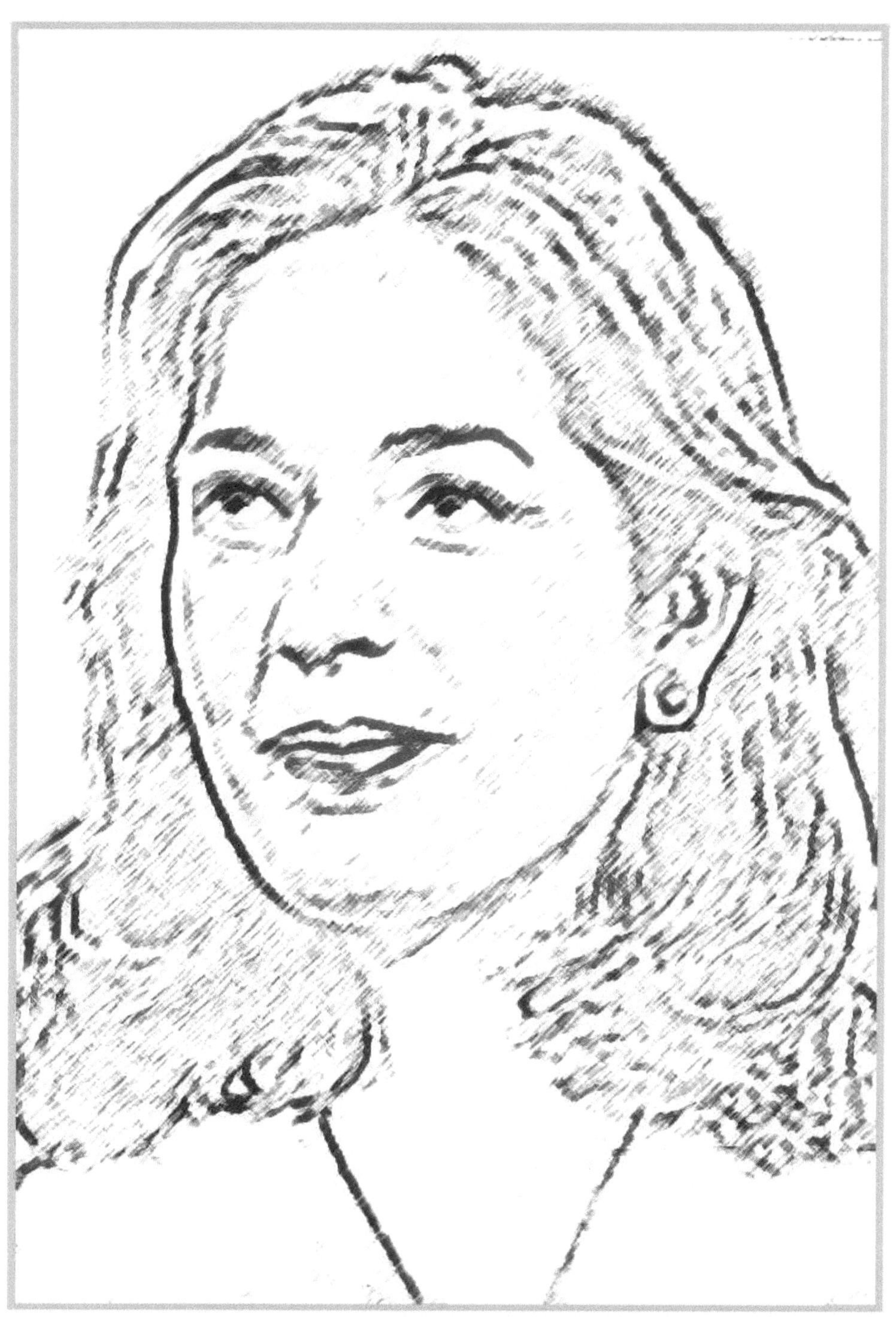

58

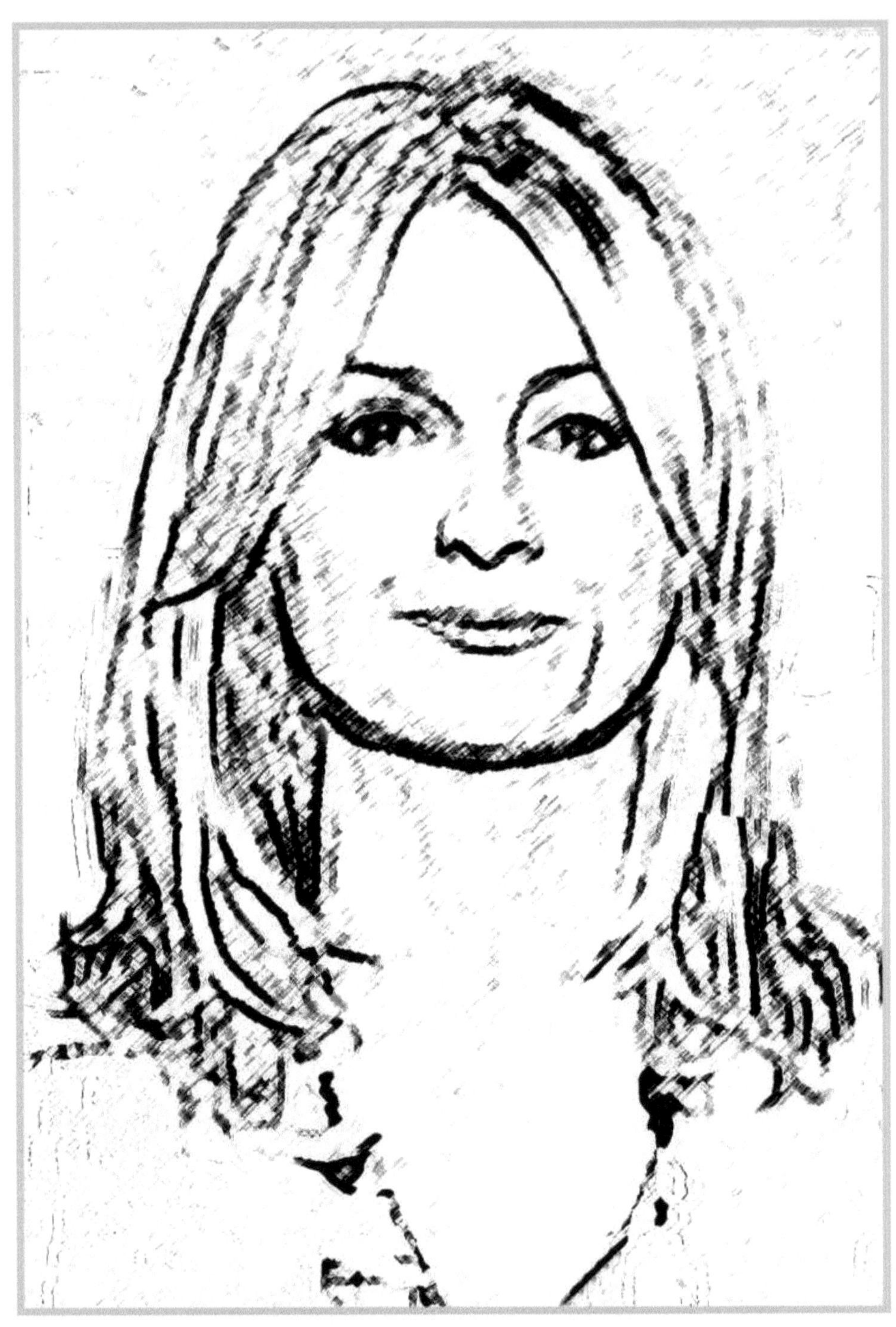

59

Frauke Ludowig

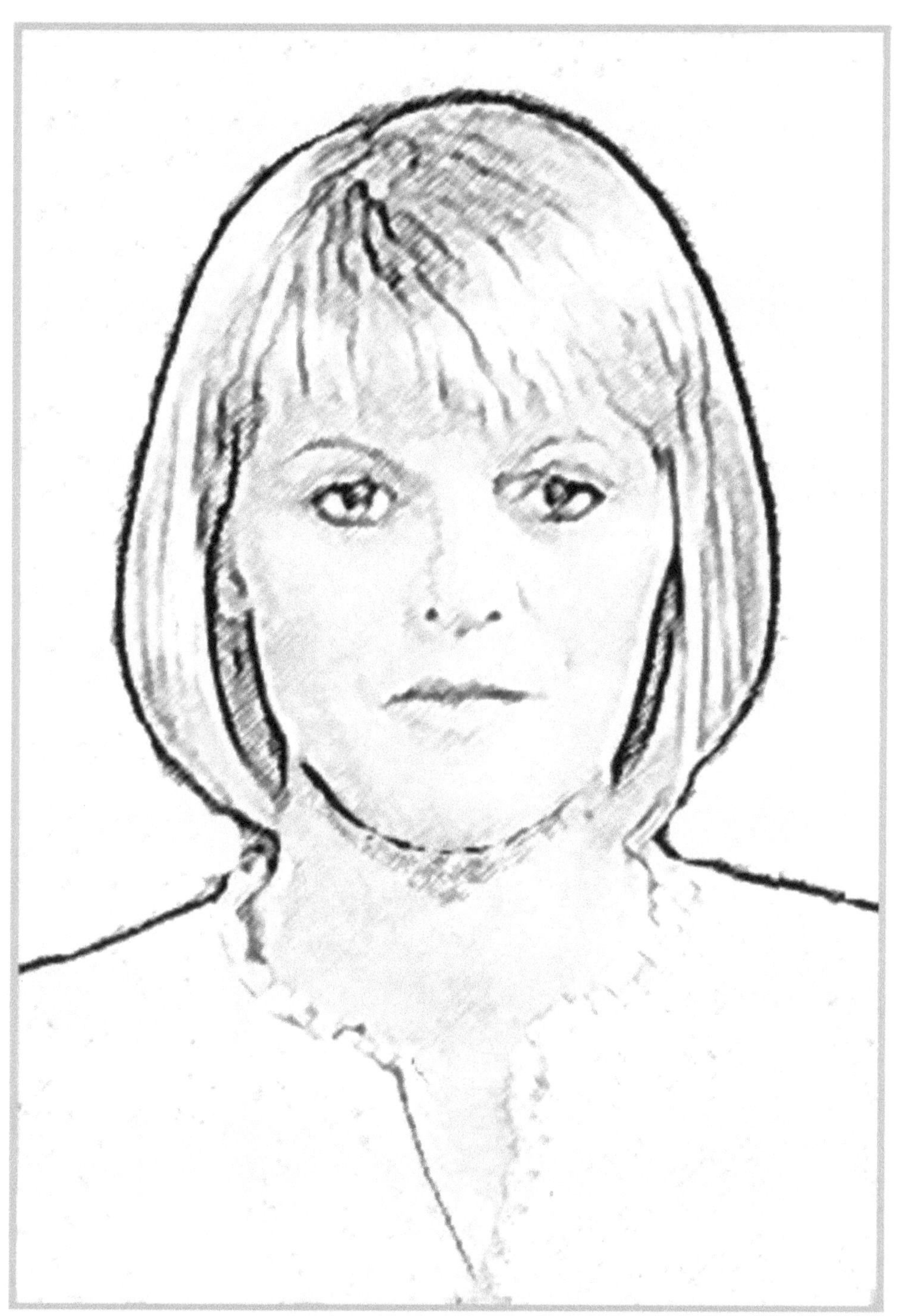

Gundula Gause

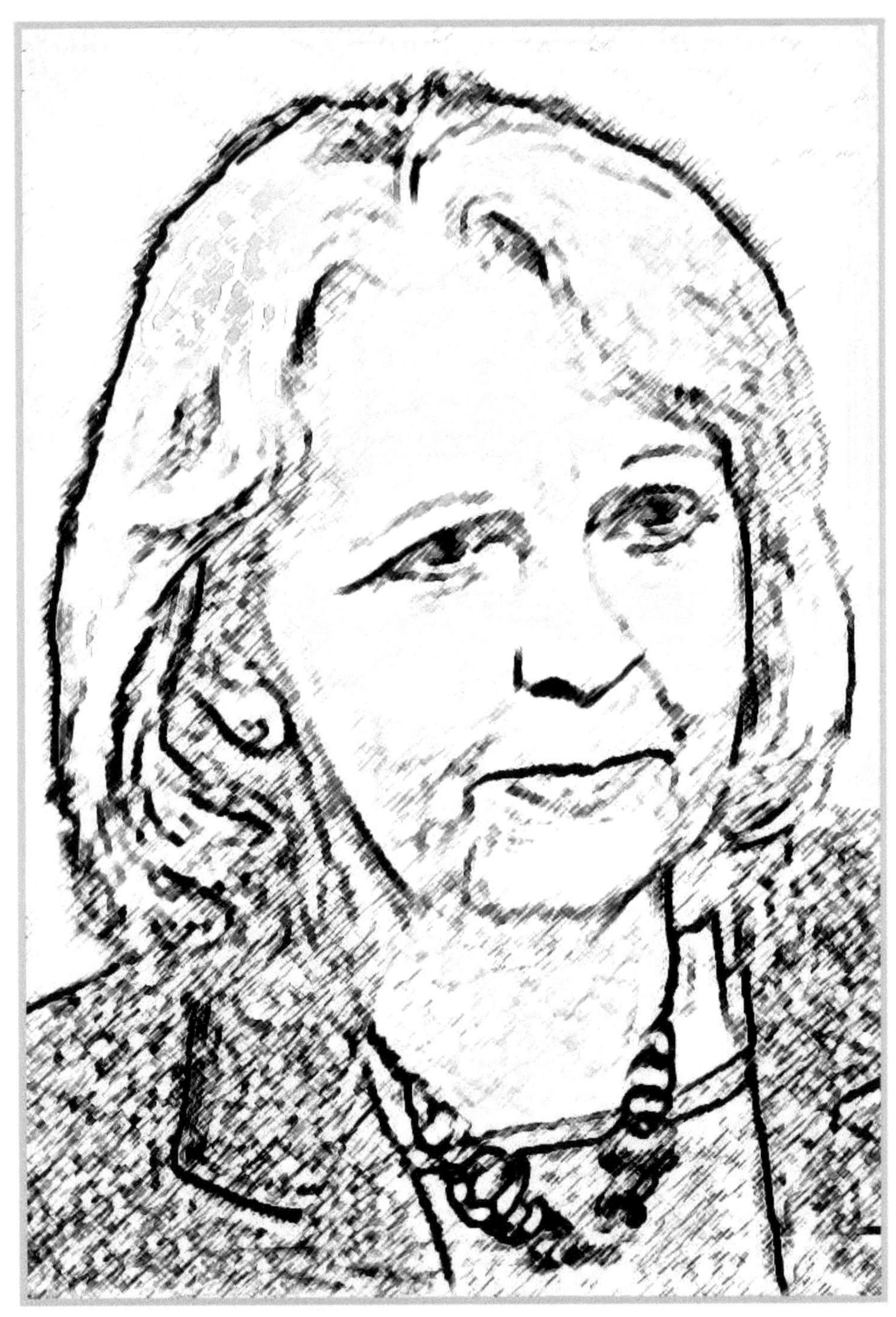

Hannelore Kraft

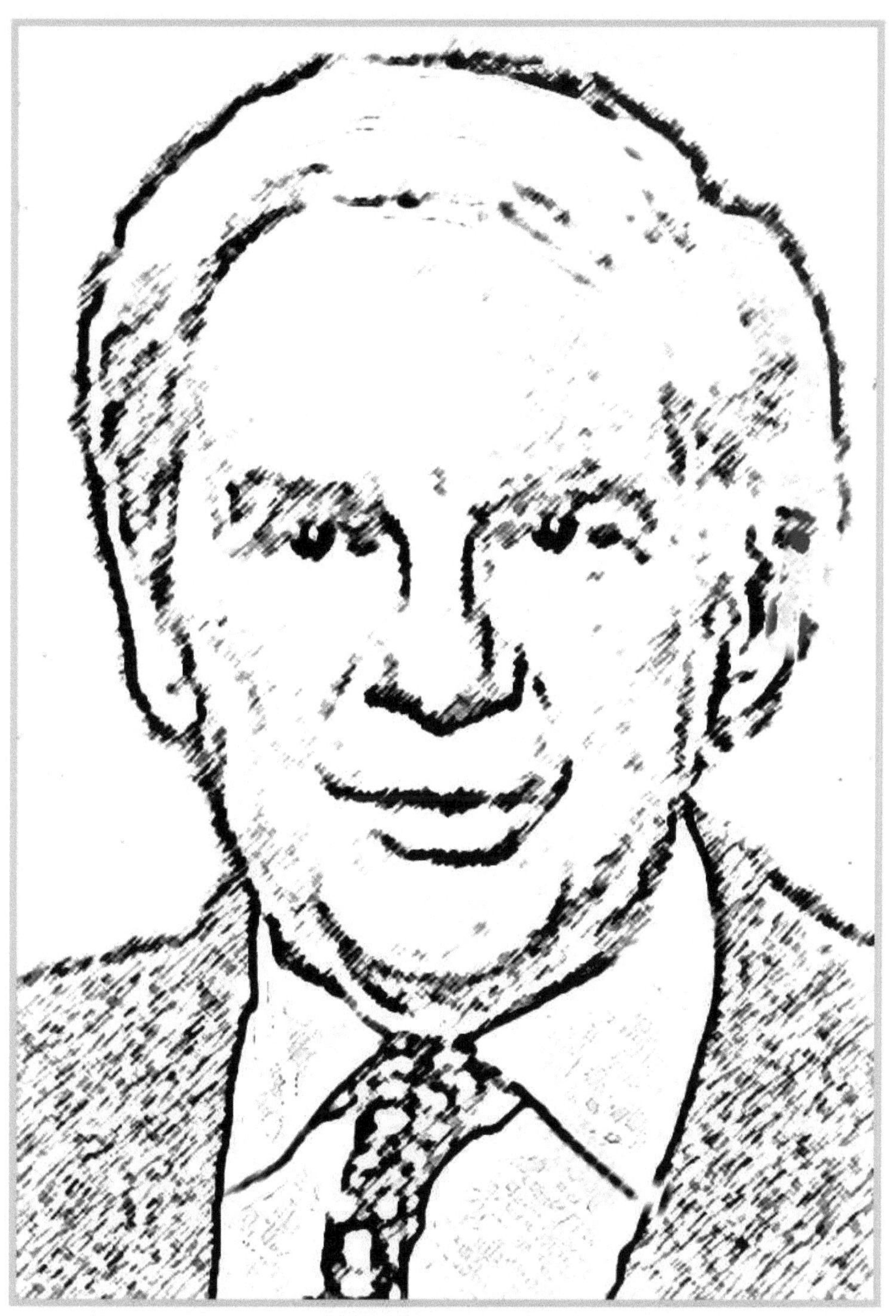

Harald Juhnke

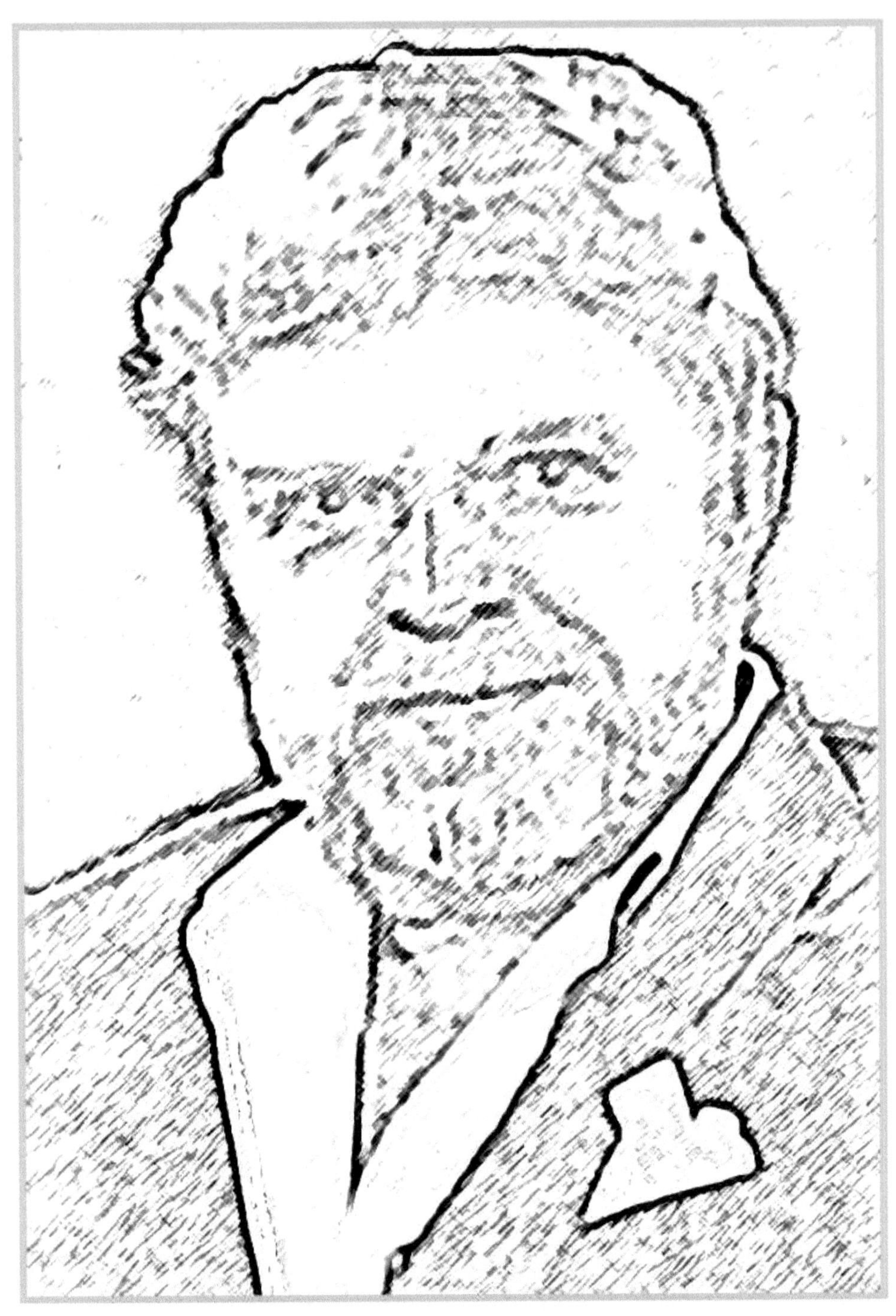

63 Hardy Krüger

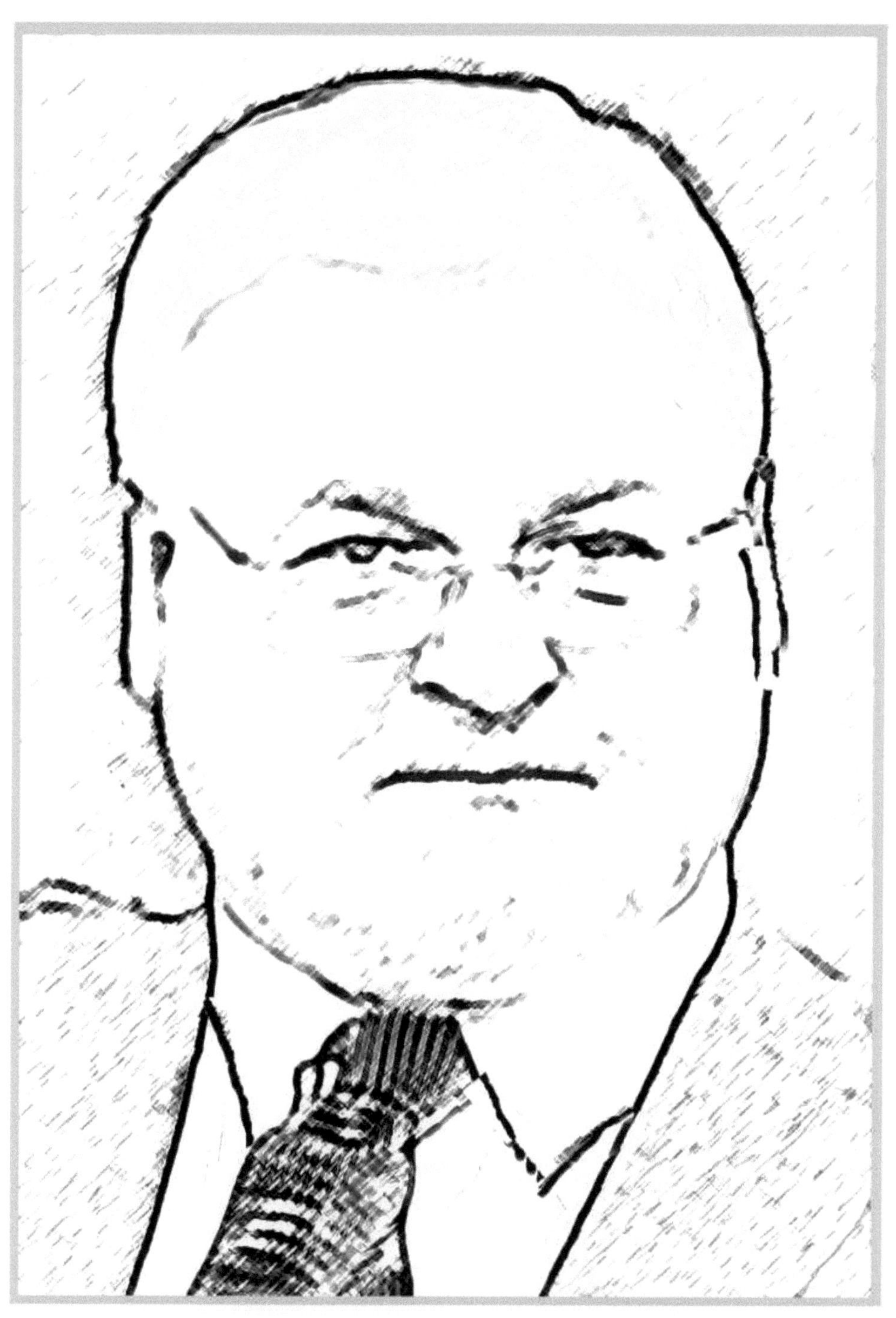

Harry-Peter Carstensen

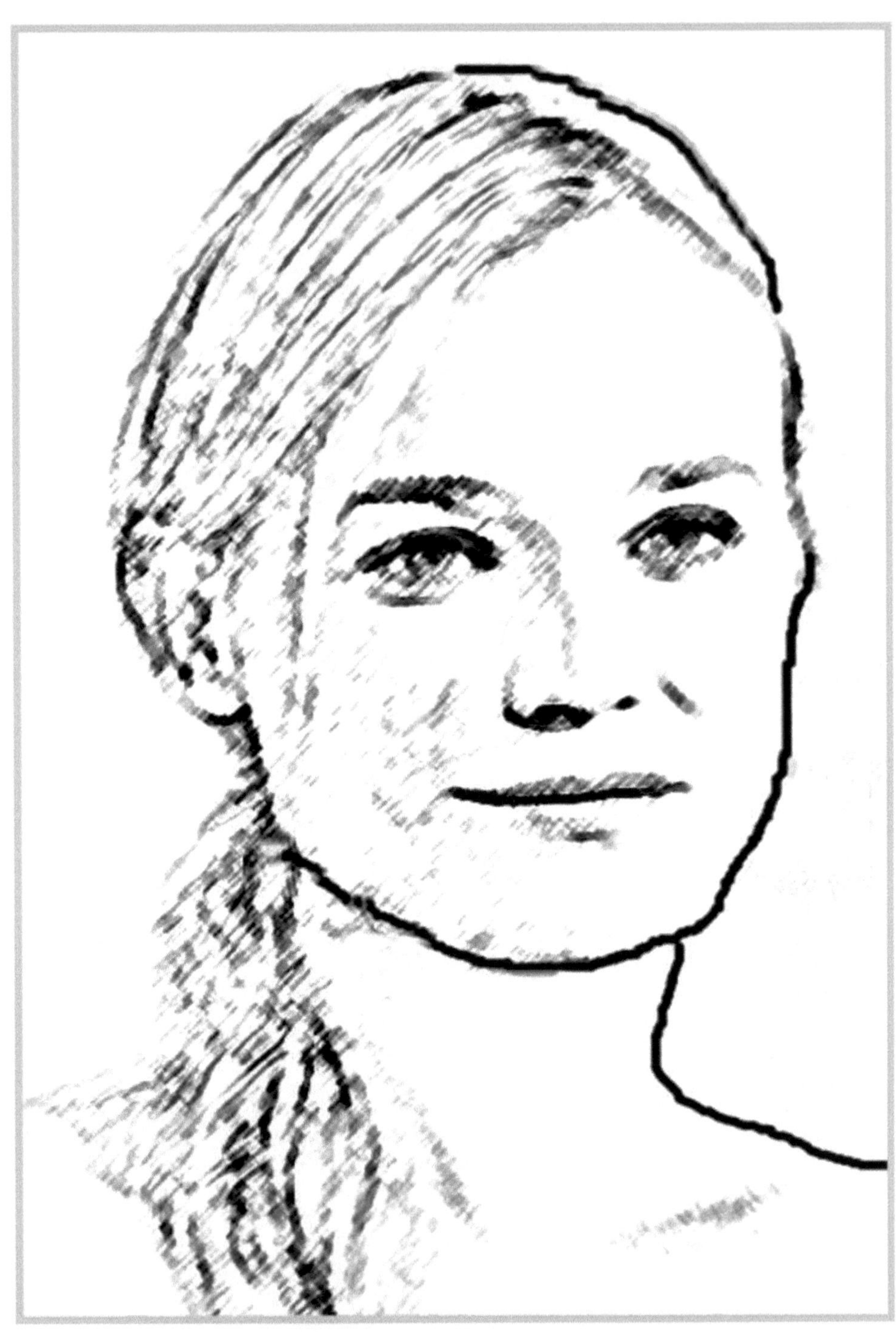

65

Diane Kruger

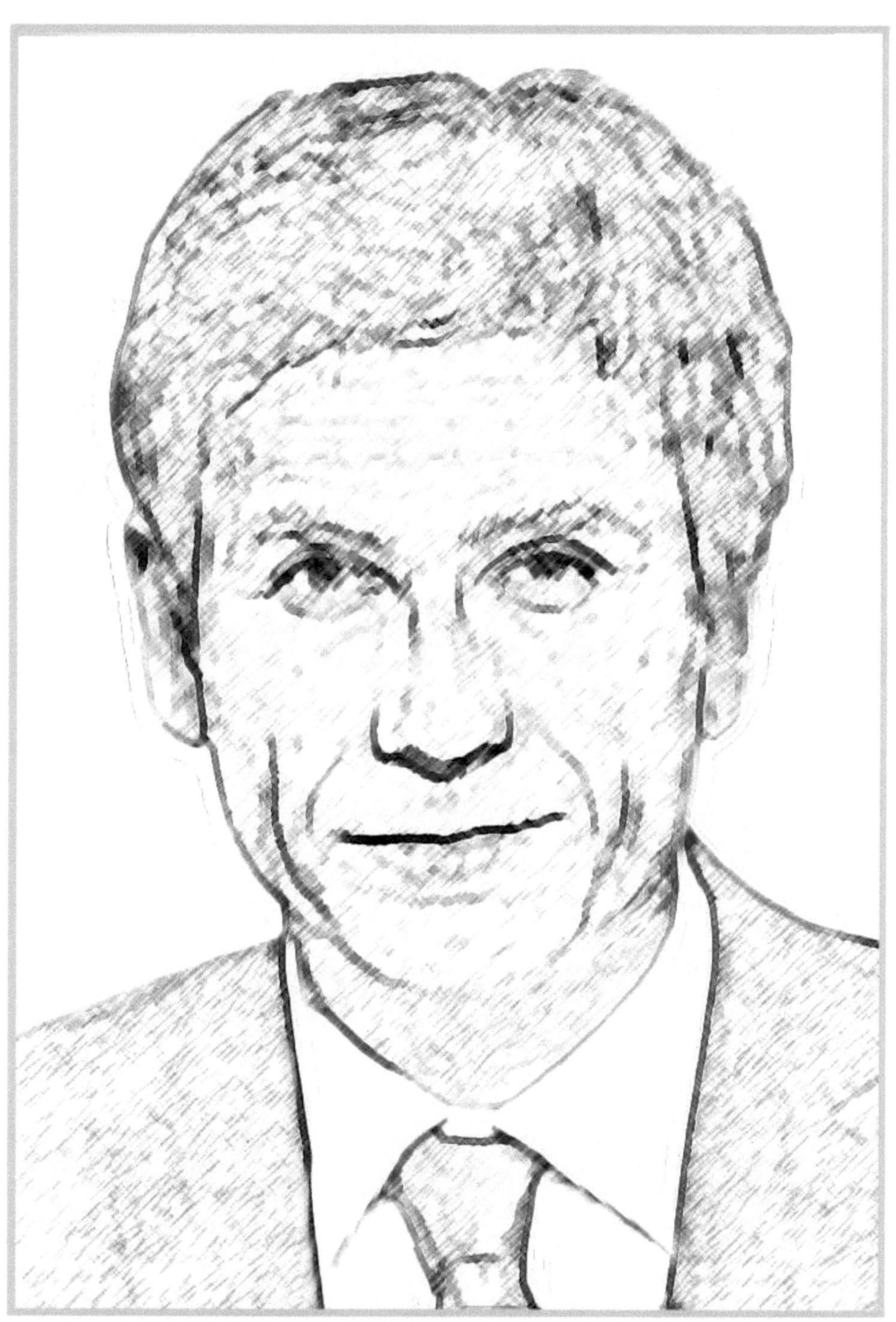

Andreas Hieke

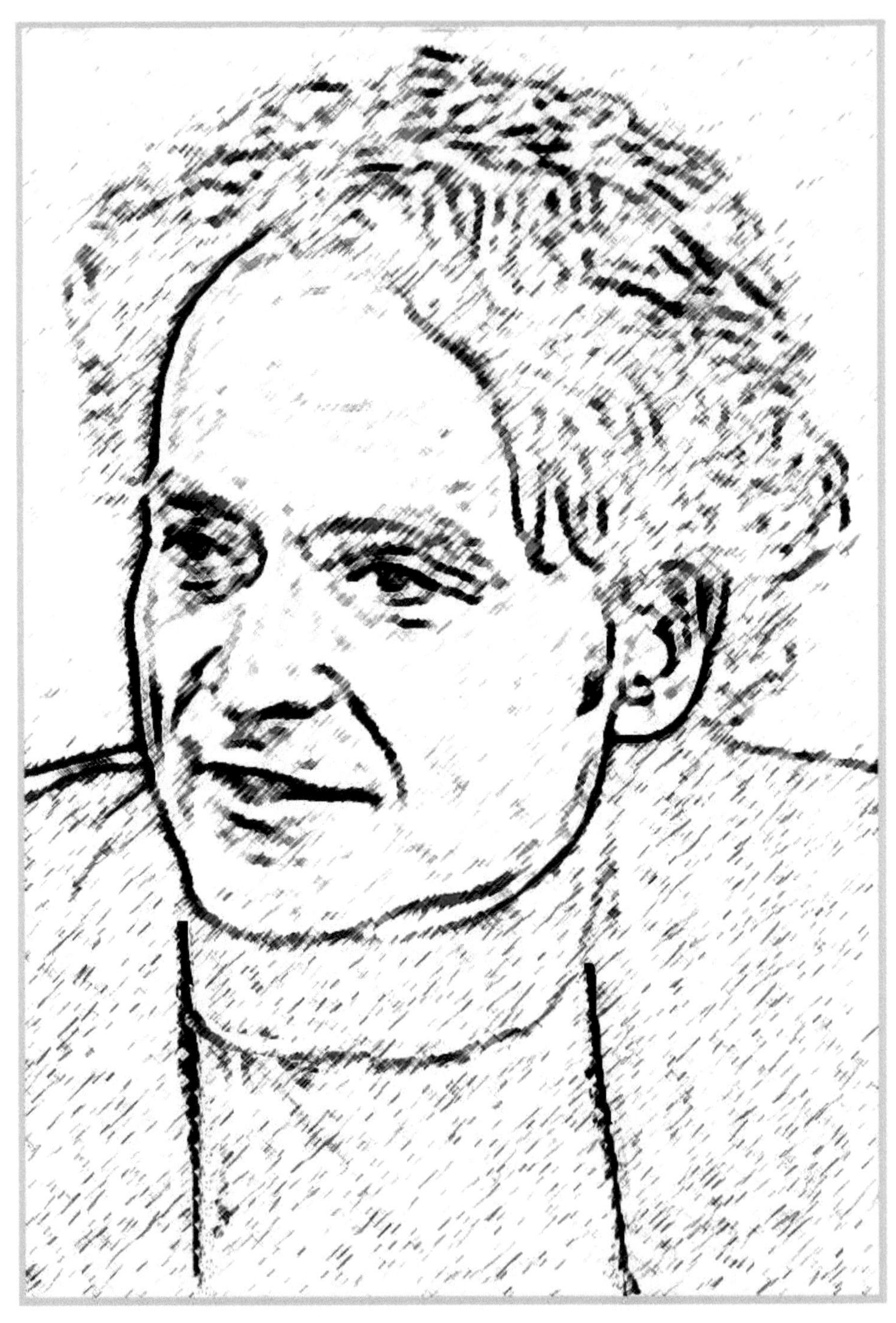

Giovanni di Lorenzo

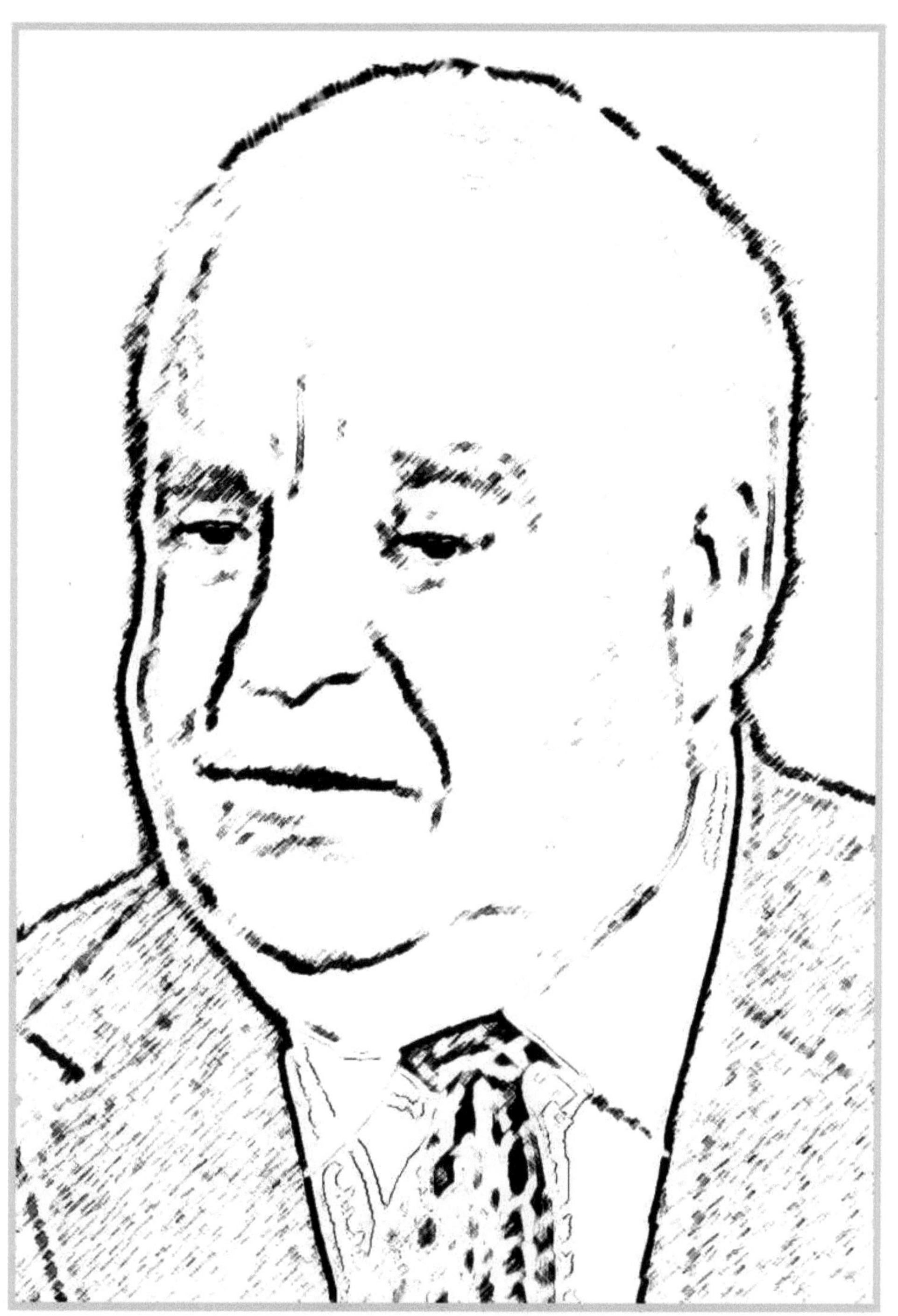

Helmut Kohl

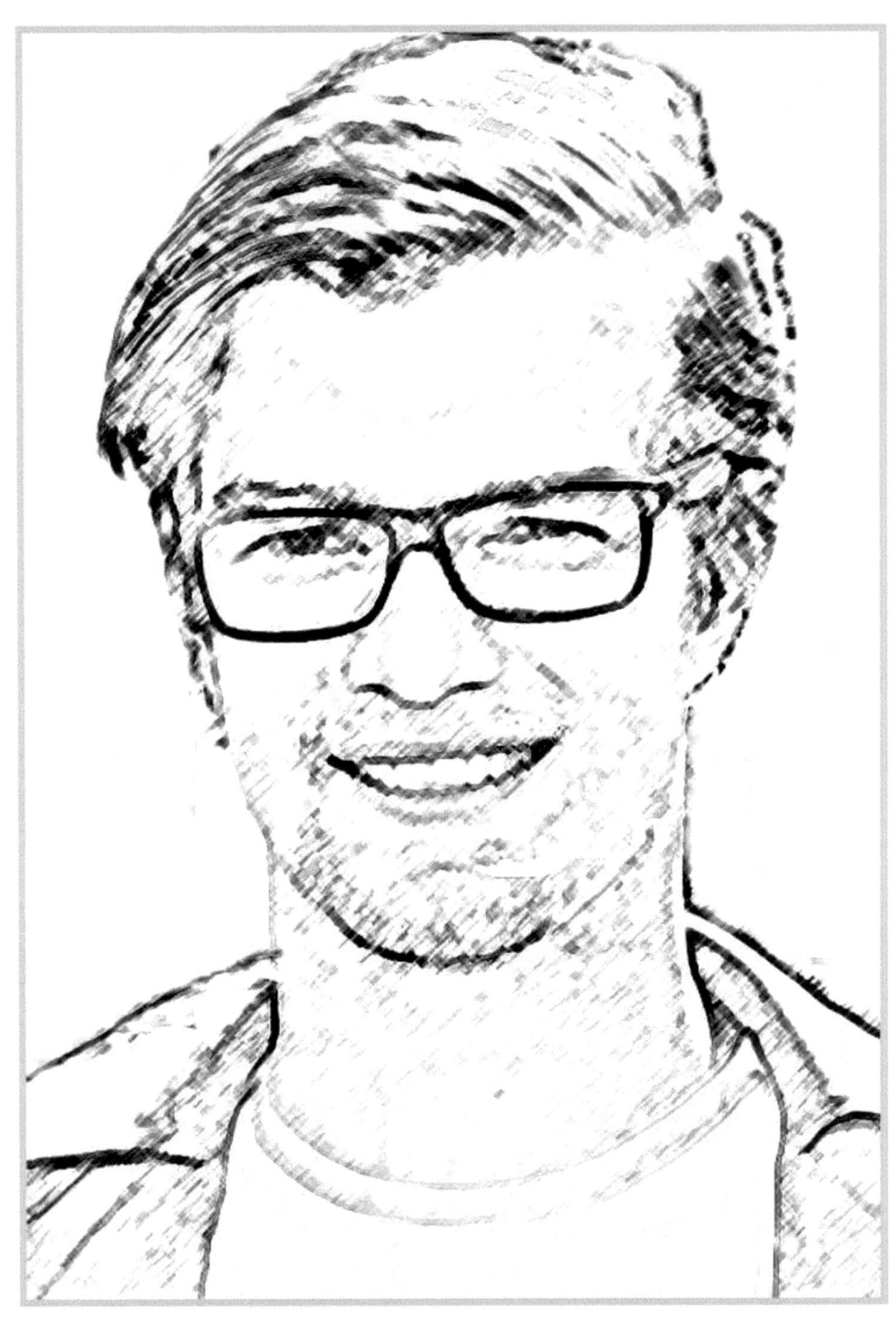

Joko Winterscheidt

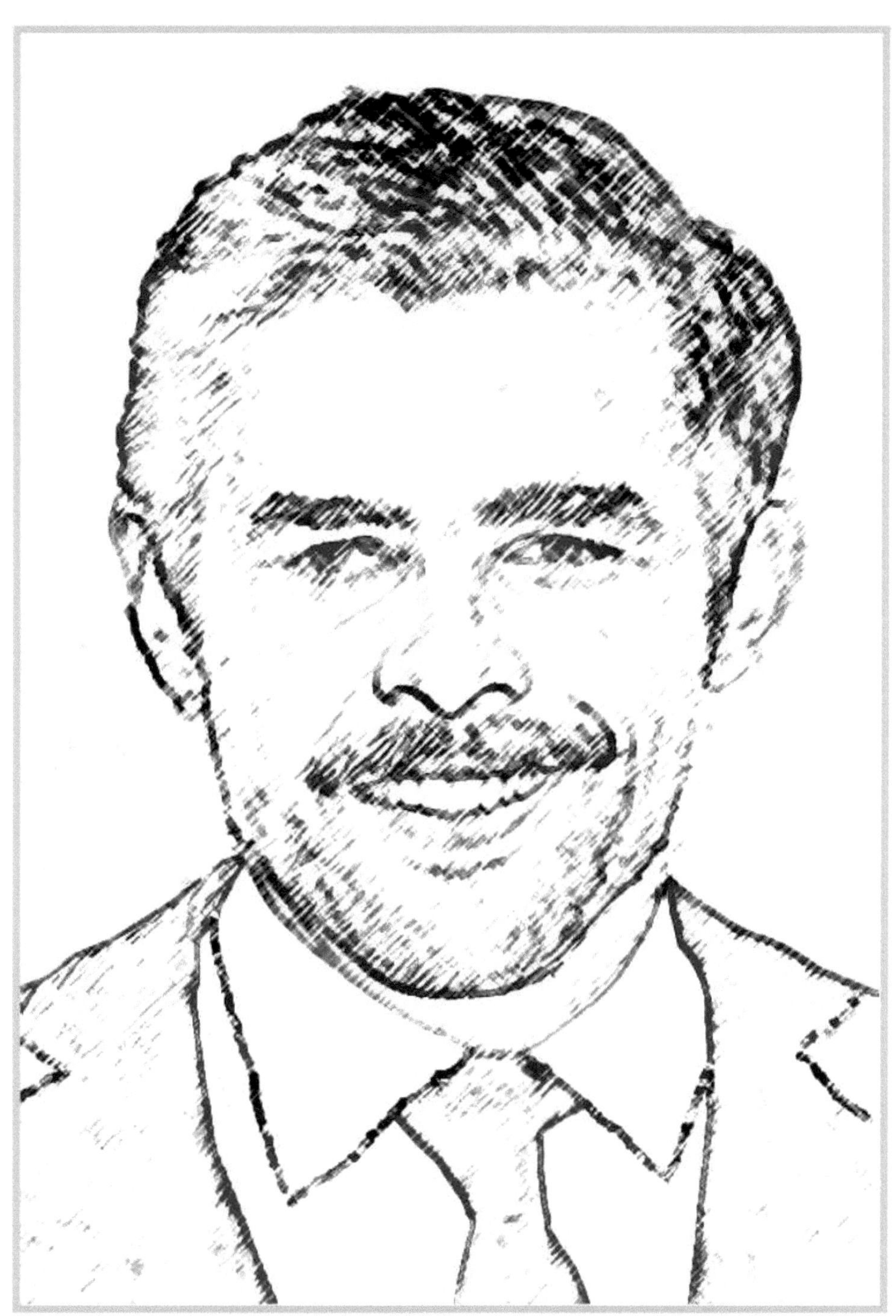

Klaas Heufer-Umlauf

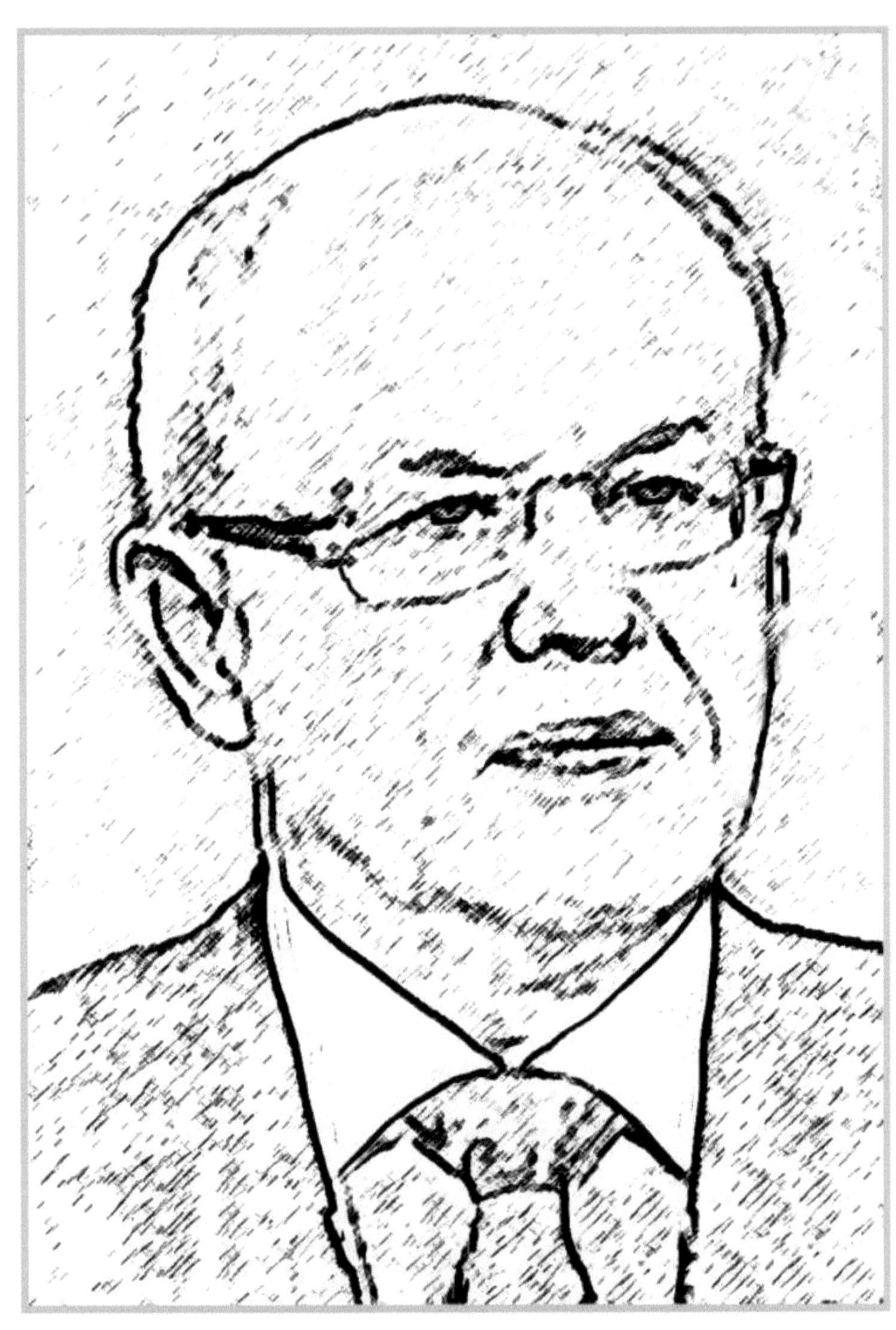
Volker Kauder

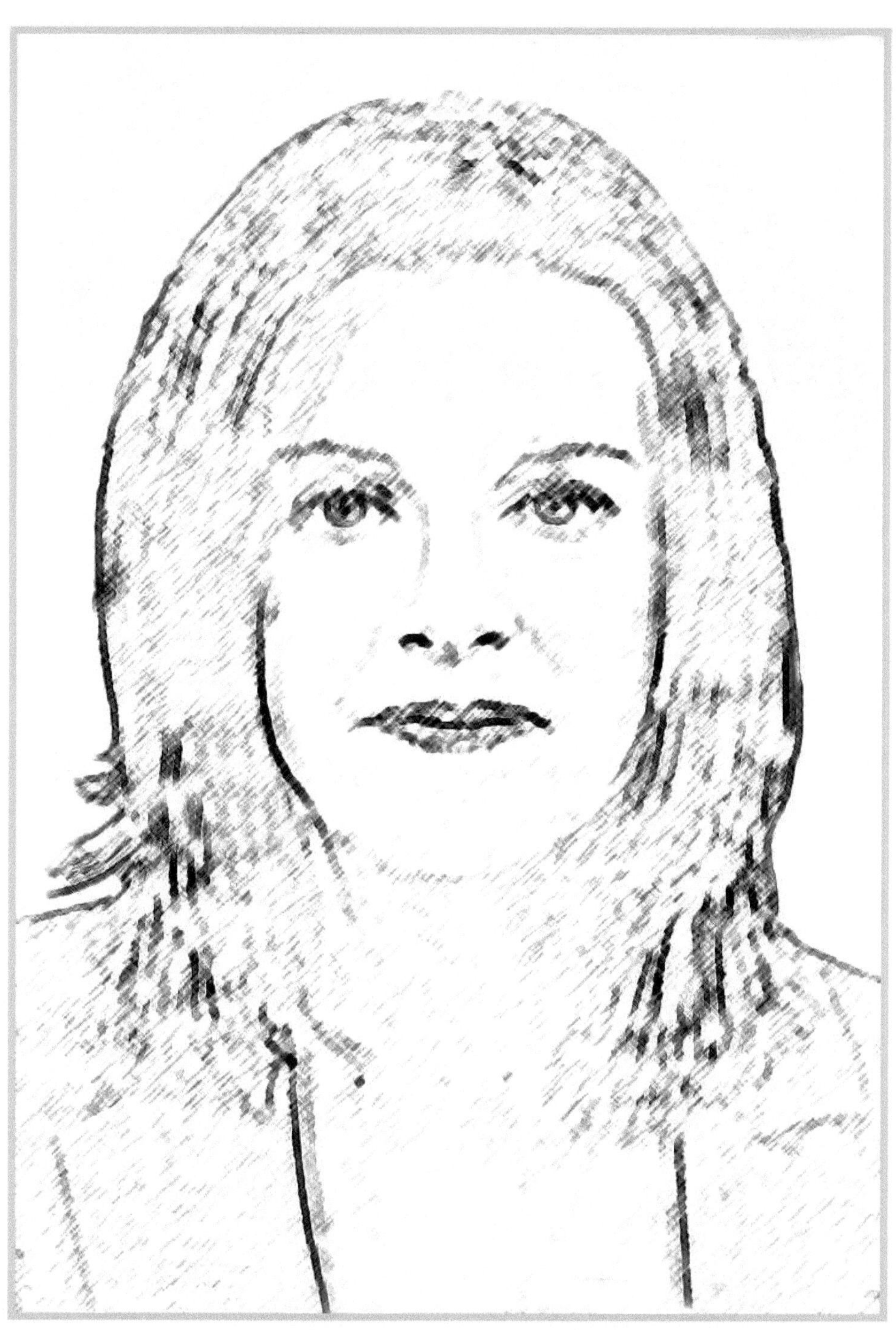

Kay-Sölve Richter

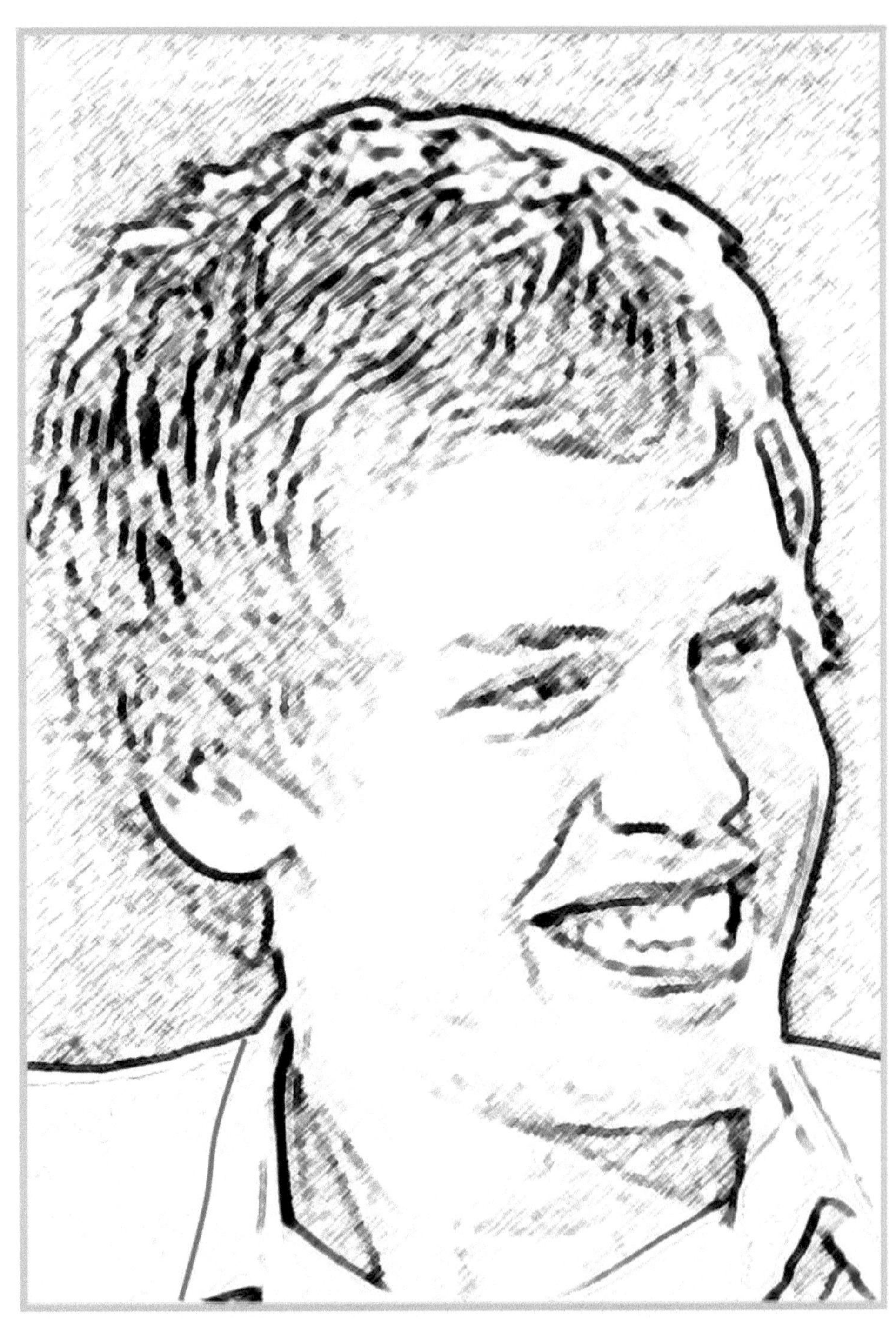

73

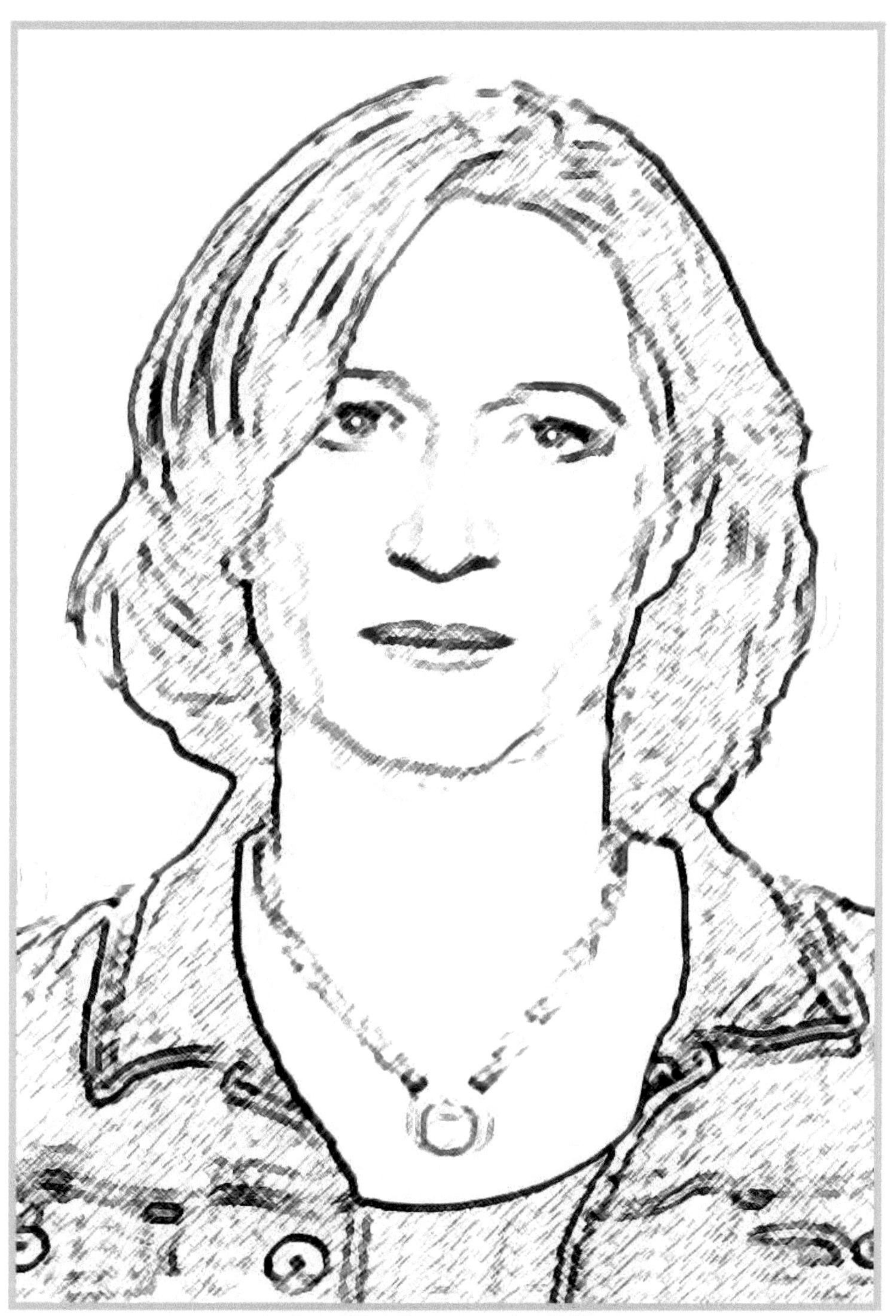

Kerstin Andreae

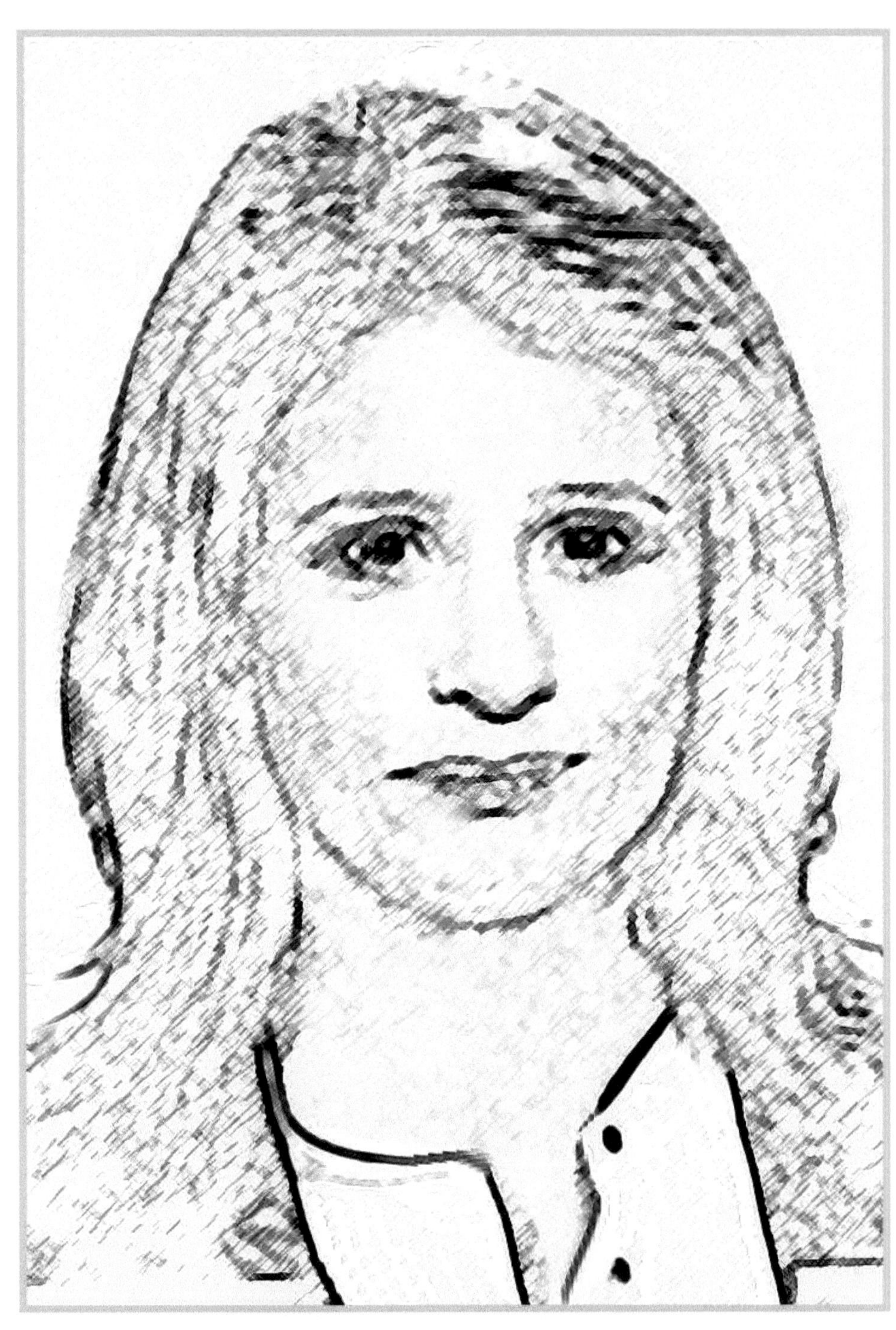

Mareile Höppner

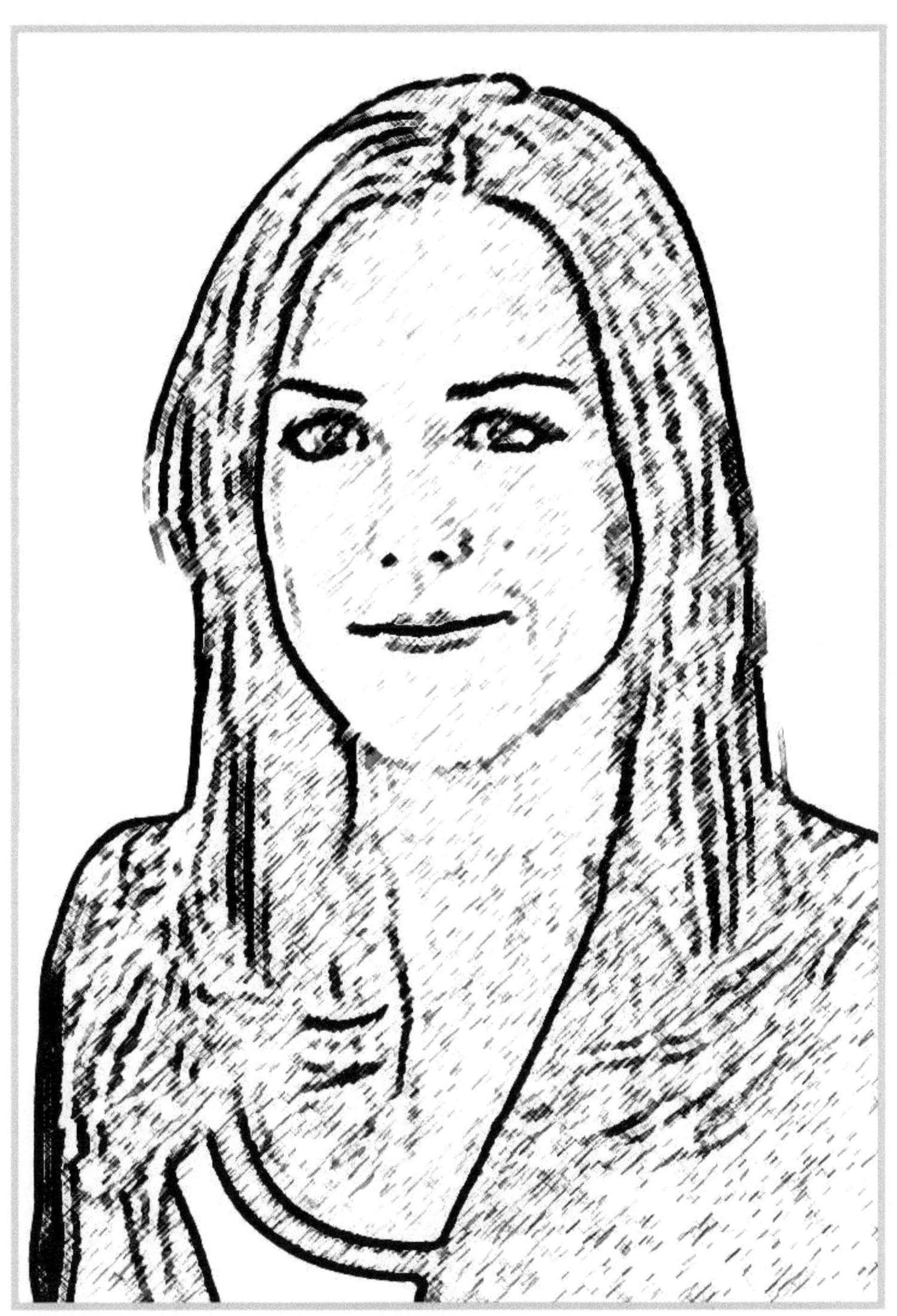

Nina Brunner

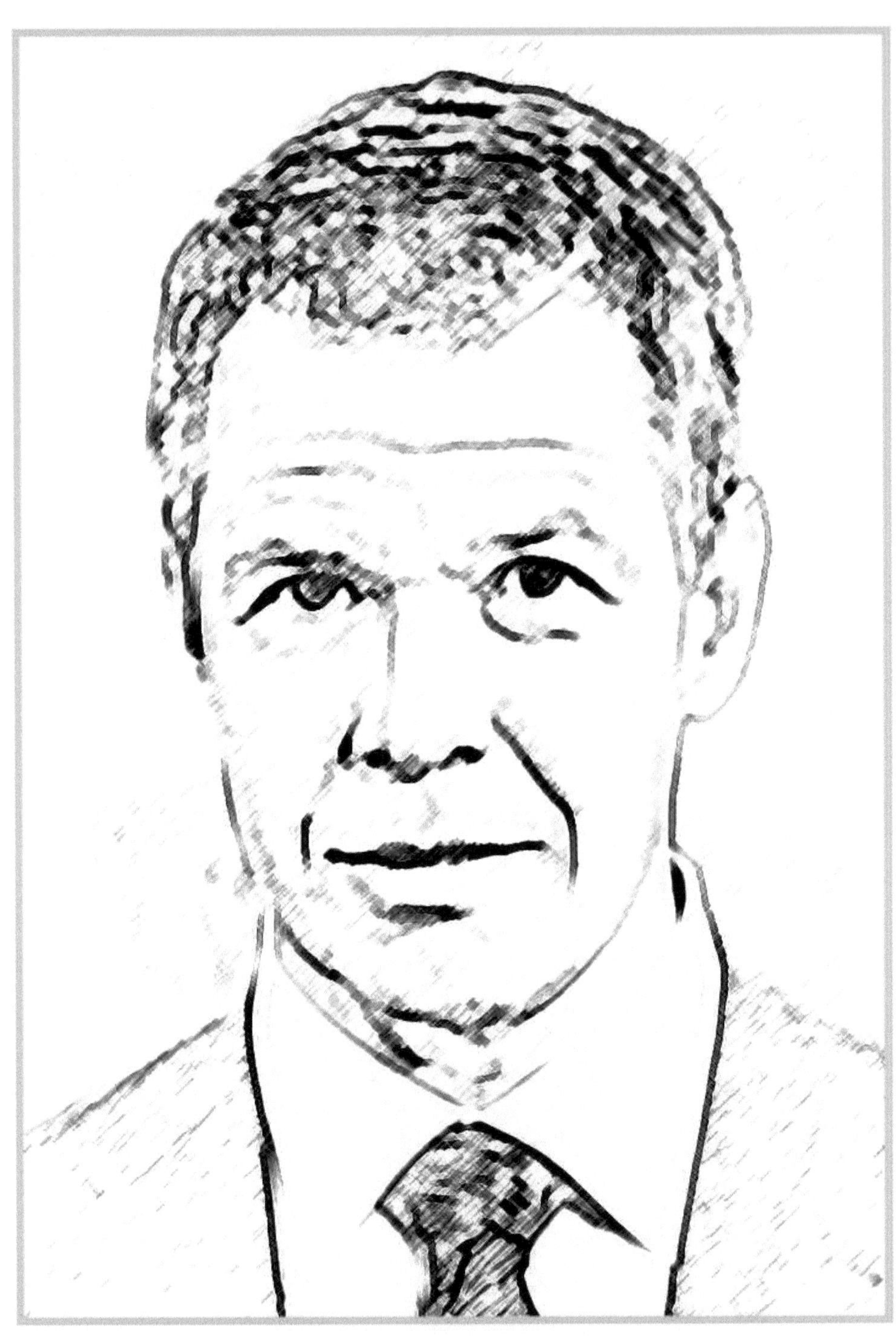

77

Peter Kloeppel

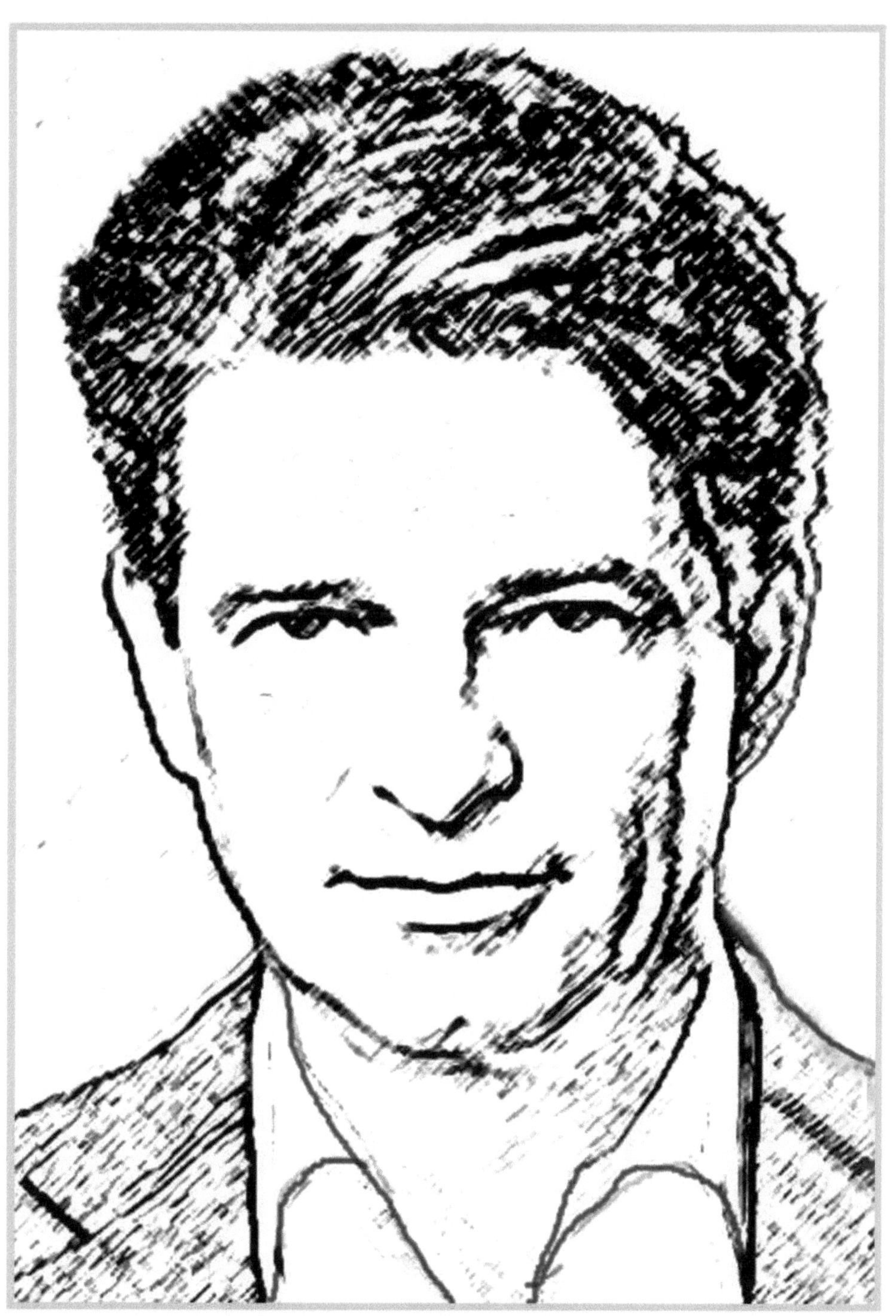

78

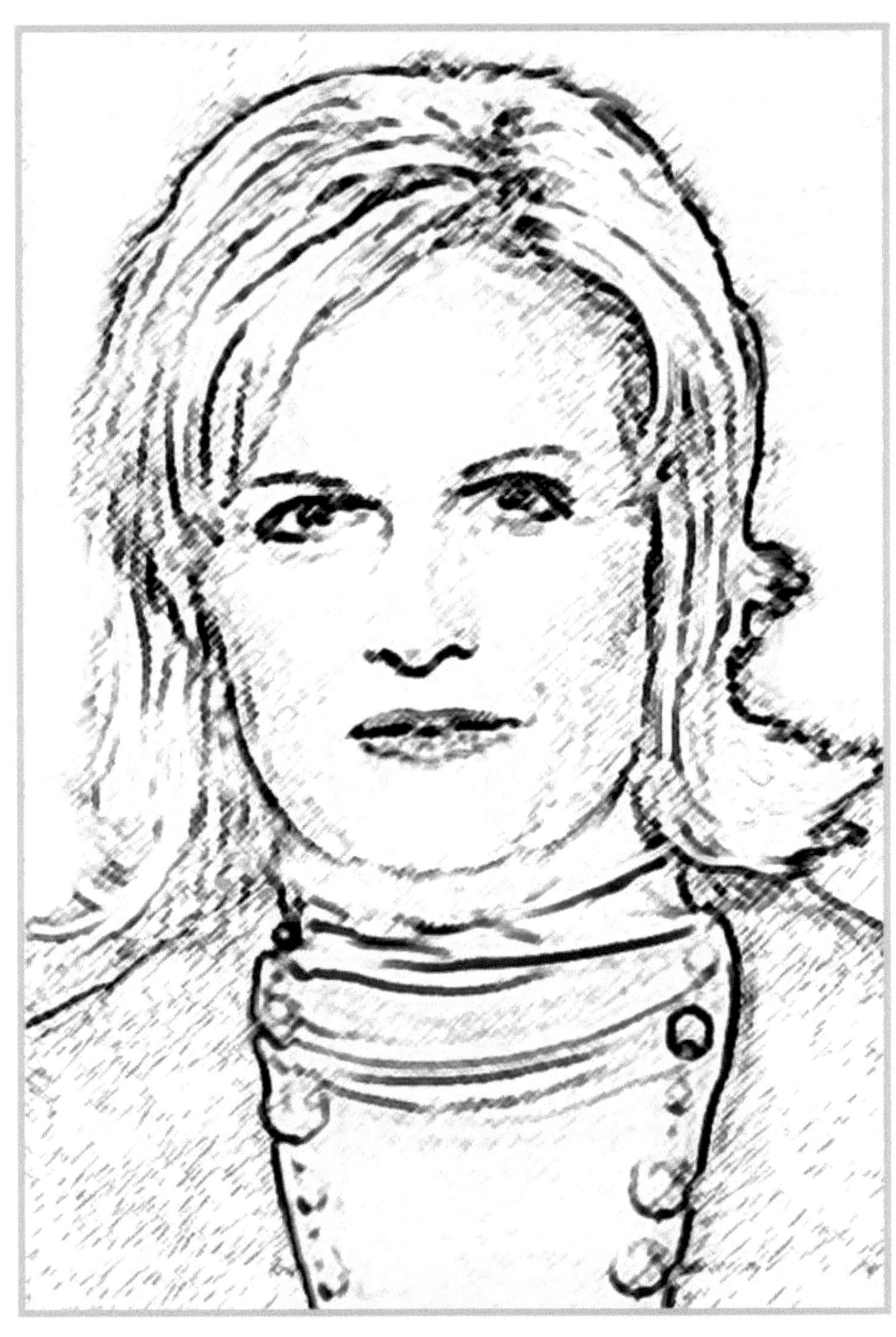

Kristin Otto

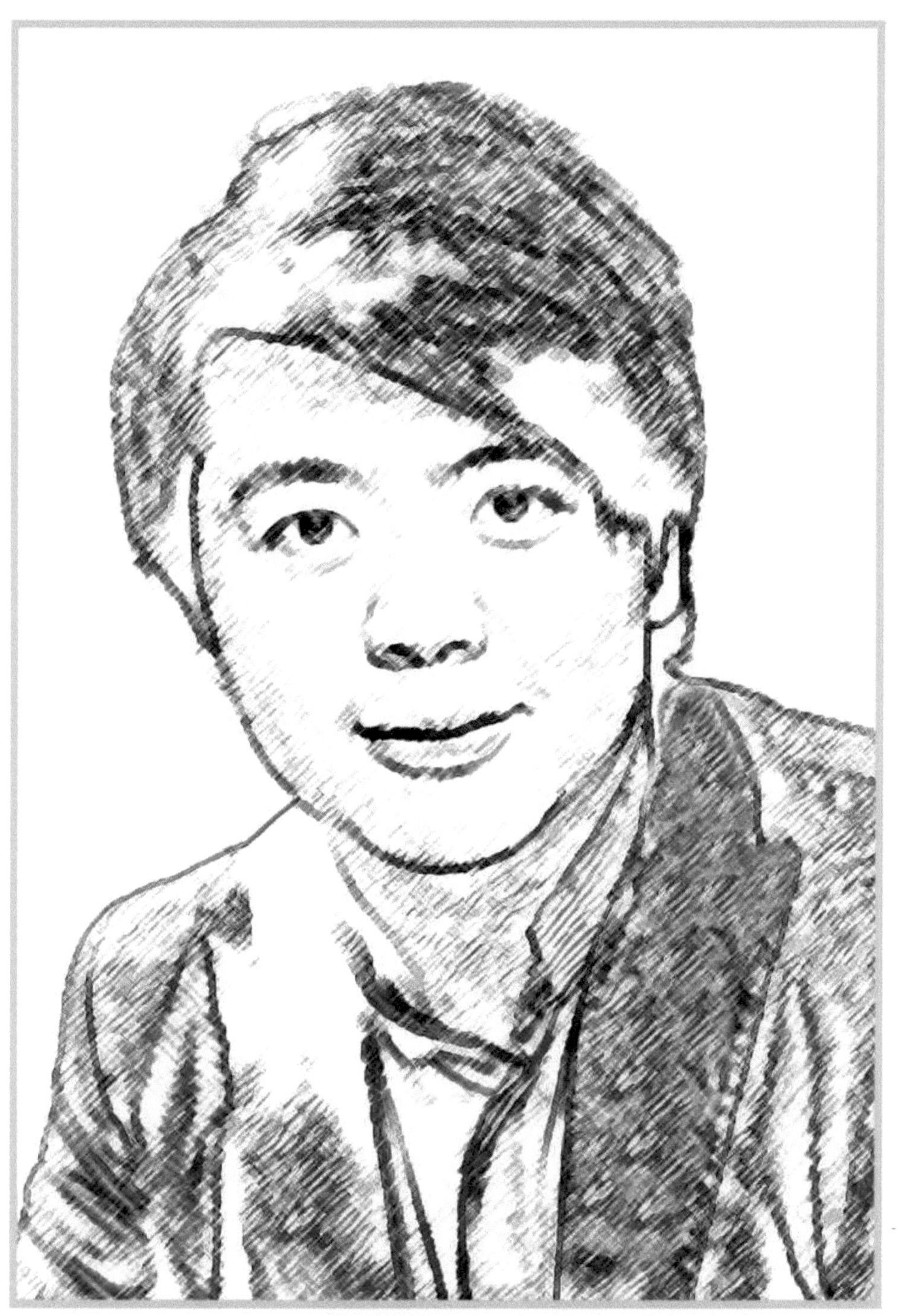

lang lang

Herstellung und Verlag:
BoD - Books on Demand, Norderstedt
ISBN 978-3-7386-0928-8